女性主义40年

[日] 上野千鹤子 著

杨玲 译

湖南文艺出版社
HUNAN LITERATURE AND ART PUBLISHING HOUSE

前　言

1970 年的第一声啼哭宣告了日本女性解放运动的诞生，至今已经 42 年了。

40 多年前，女性解放运动和第二次女性主义运动都还未问世，转眼间却已迎来了不惑之年。我在这里特别要提出"第二次"，是因为早在 1 个世纪以前，第一次女性主义运动已然存在。我希望读者能够通过阅读本书，了解以解放为象征的第二次女性主义运动和第一次之间的关联与不同。

《论语》有云："三十而立，四十而不惑，五十而知天命……"女性主义也经历了青春，迎来了成熟的时期。

从 20 多岁接受女性解放与女性主义的洗礼以来，我一路奔跑至今，也已过了耳顺之年。我不禁将自身 20 岁到 60 岁的 40 年与日本女性主义的 40 年交叠在一起。

在这 40 年间，我深受女性解放与女性主义思想及实践的影响，同时，身为发起并促进该运动的一员，我也有着些许自豪。当然，并不是只有我一个人，女性主义是不同年龄的女性，站在各种立场上创造出来的一股汹涌的不可阻挡的历史巨浪。

在这 40 年间，女性主义在前进的道路上经历了逆风、顺风，而今又逆风四起。初登场时，女性主义置身于不被理解与偏见之中，这也难怪，父权制媒体无法理解女性主义者的语言。不久后，风向逐渐改变，不知不觉间变成了顺风。日本承认了联合国的《消除对妇女一切形式歧视公约》，陆续制定了《男女雇佣机会均等法》《男女共同参与社会基本法》等法律，地方上也掀起了制定男女平等条例及建设女性活动中心的热潮。女性主义的活动看似获得了国家的保障，甚至有可能被纳入国策，但是很快形势又出现了反复。对女性主义活动不满的民间保守派开始不断反击，2000年之后再次形成一股逆风之势。那么现在，围绕在女性主义四周的，又是什么风呢？

同样是在这40年间，我在迷茫不见未来的研究生时期遇到了女性学，然后像风险企业的创业者一般，在没有任何先例的领域里，成为女性学这门新兴学科的创始人。在被误解与偏见的苦恼中，我逐渐巩固了女性学的地位，使其在学术领域获得了公民权，而我自己也在不知不觉间成为在大学从事女性学、社会性别研究学教育的专家。然而很快我又成了众矢之的。一直以来，我就置身于这样一个有敌有友的战场上。

在这40年间，女性主义周遭的大环境也在不断地发生着激烈的动荡。我那些最初被认作野丫头的轻佻言行，悄悄地渗透扩张，获得了各种女性的共鸣，相关社会团体如雨后春笋般涌现。不久后，女性主义在年轻女性中又开始被嫌弃，但观其言行可以发现，其实她们也深受女性主义的影响。再之后，对女性主义和社会性别研究一无所知的一代人在男女平等已经如空气一般为人们所接受的环境中成长起来。即便如此，女性所处的环境仍然称不上有所好转。

本书是在这40年间，我收到各类刊物邀请时发表的所谓"时局发言集"。读者应该能在阅读中感受到每一个篇章发表时的"现场感"，可以通过本书验证女性主义一路以来在与什么做斗争，收获了什么，又有哪些没有成功。同时可以看到我以往做出的预测里有哪些是正确的，哪些发生了偏差，也可以看到我是如何努力地保持一贯性，又在哪些方面做出了改变。

收集过往的证言并公开出版，这一行为类似于在历史法庭上提交物证。无论是怎样的历史，都是由每一个人的思考与实践创造出来的。我之所以带着一丝犹豫同意出版本书，正是因为我希望读者能够切实感受到这一点。

女性主义真的做到四十不惑了吗？

不，女性主义还会怀着忐忑与兴奋的心情不断成长。投身于不断激荡变化的波涛中，被巨浪裹挟，又在其中掀起新的波浪，这种经历难道不让人忐忑而又雀跃吗？

我就是这样一路飞奔而来的，我希望读者能够接过我的接力棒。

2011 年 4 月

目　录

女性主义 40 年

女性主义

2002 年

如果说马克思主义思想震撼了 20 世纪前半叶,那么可以毫不夸张地说,女性主义思想激荡了 20 世纪后半叶。在此之前,谁会想到"女性"能成为思想呢?它是歧视中的歧视,因过于不言自明,其存在变得自然到甚至让人无法察觉。但这歧视最终被视为问题了。驹尺喜美[1] 称此变化为"从区别对待升格为歧视"。女性与男性是不同的生物,理应区别对待。"给女人选举权就像给猪选举权一样……"诸如此类令人不寒而栗的"区别对待"终于作为不正当对待问题被升格为"歧视"了。在近代"个人"与"人权"概念诞生的同时,女性解放思想的胚胎也逐渐成形,并被命名为"女性主义",它带着獠牙在世界范围内以各种形态降临。

对于日本的女性主义,至今仍有人视其为外来思想或是从欧美"借"来的理论。国外也有人质问:"日本居然有女性主义吗?"这种看法不仅违背事实,而且是偏见的产物。

---

1 驹尺喜美(1925—2007),日本近代文学研究者、女性学者。

女性主义一词早在 20 世纪初就已经在日本出现，也许很多人听到这种说法会非常惊讶。20 世纪 70 年代后出现的女性解放运动被命名为第二次女性主义运动。回溯其根源，早在 20 世纪初的社会大转变期，日本女性主义运动的第一次浪潮就已经出现了。当时，以杂志《青鞜》[1]为中心的女性们已经开始使用女性主义这个名称。平冢雷鸟[2]和与谢野晶子[3]等女性给第一次女性主义运动带来了真实的声音。

20 世纪 70 年代后出现的女性解放运动，最初被翻译为女性启示（women's revelation）或女性思想解放（women's emancipation），后来才被称为女性主义（feminism）。1970 年 10 月 21 日国际反战日当天，团体"战斗女性[4]"发出了日本女性解放运动的第一声。田中美津[5]发表的著名文章《从厕所开始的解放》，堪称当时日本女性解放运动的战斗檄文。该文章标题中的"解放"直接使用了日语汉字，并没有使用英语音译。她们主动使用当时恶评如潮的英语音译名，是之后的事情了。回顾第一次女性主义运动时期，青鞜社的女性们在受到当时媒体的

1　指 1911 年至 1916 年间由青鞜社出版发行的女性月刊，发起人及主要成员有平冢雷鸟、与谢野晶子等。

2　平冢雷鸟（1886—1971），日本近代思想家、作家、评论家、社会运动家，《青鞜》创始人，女性解放运动的领导人之一。

3　与谢野晶子（1878—1942），日本近代诗人、作家、思想家，《青鞜》主要成员之一，代表作《乱发》等。

4　指 20 世纪 70 年代日本女性主义代表团体，核心人物为田中美津。

5　田中美津（1943— ），日本女性主义者、作家。

抨击与挪揄之后，开始主动以带有讽刺含义的"新女性"一词自称，这两次的自称变化过程非常相似。因此，将这一时期称为"美国的女性解放运动登陆日本"显然是违背事实的。同样，"女性解放不等于女性主义"的主张从历史角度来看也是不恰当的。女性主义一词虽然是在20世纪70年代后期才在日本被普遍使用，但女性主义者有着作为《青鞜》接班人的自我意识。到20世纪70年代为止的女性解放运动尽管受到媒体的各种抨击与事实歪曲，但仍然对其接班人乃至整个社会都产生了深远的影响。

回溯历史，可以说女性主义运动的第一次浪潮出现在近代形成期，第二次出现在近代解体期。最近对"何为第一次女性主义运动"的历史研究颇为兴盛，其实这个研究也是在第二次浪潮中重新讨论"何为近代"这一问题之后才成立的。两次运动浪潮都充满了多样性，第一次的结果是把女性推向了日趋完成的近代化，而第二次最显著的特征是开始批判近代。从这个意义上来说，我认为不应该把"女性主义"翻译为"女权扩张论"，用"女性解放思想"这个译名更为恰当。

到20世纪70年代，法律意义上的男女平等已经理所当然。"女权扩张论"追求的是"拥有和男性相同的权利"，但这种形式上的平等是远远不够的。注意到这一点时，"女性解放"的口号也就应运而生。当人们意识到近代本应赋予每一个"个人"的"人权"实质上只是"男性权利"时，仅仅主张"女性也是人类"这一点显然已经不够了。"女性解放"由此燃起了斗争的狼烟。

史学家鹿野政直的著作《妇女、女性、女人》（岩波新书，1989 年），书名完美呈现了围绕"女性"这一观念的范式转移。解放运动的旗手主动接受了"女人"这个包含蔑视的称呼。追求完成近代化的第一次女性主义运动主张"女性在作为女性之前，首先应该是人"。与此相对，第二次女性主义运动追求的是"女性作为女性自身的解放"，直击近代的"人"等于"男性中心主义"的核心，揭示了阻挡女人获得解放的"敌人"其实是束缚女性的规范与价值，而不仅仅是可见的制度与权利。第二次女性主义运动的标语"个人即政治"改变了斗争方式，把性爱等日常生活领域作为了微型的政治战场。

在 20 世纪 70 年代掀起世界历史巨浪的女性解放运动以 1975 年国际女性年[1]为契机，以联合国《消除对妇女一切形式歧视公约》的制定为成果，在经历了 1975 年墨西哥城、1980 年哥本哈根、1985 年内罗毕、1995 年北京的国际会议后，社会性别的相关政策终于成为了主流。日本在 1999 年颁布了《男女共同参与社会基本法》。在此之前，随着联合国《消除对妇女一切形式歧视公约》的制定，20 世纪 80 年代日本对父权制的国籍法做了修正，颁布了《男女雇佣机会均等法》，将"卖春"改称为

1　当时被翻译为"国际妇女年"，之后被改为"国际女性年"。

"买春"，正视性骚扰问题等，质问社会上犹如空气一般司空见惯的性别歧视，实现了从"女性文化"到"男性文化"的范式转移。到了20世纪90年代，通过"慰安妇"问题重审历史，向国际问题迈进。"女性问题"已经不仅仅是女性的问题，女性主义的影响已经扩大到了势必要提及"性别"这一变数的地步，也因此招致了再次打压。

与此同时，针对"变强的女性"，社会上出现了一种令人焦躁的声音——"你们究竟想要怎样？"女人有着与男人相同的能力吗？回答当然是"Yes"。男人能做的事女人也能做？"Yes！"应当给女人和男人同等的权利与机会？"Yes！"……然而这些真的就是女性主义者希望的回答吗？虽然女性主义运动的目标是"在所有领域中实现男女共同参与"，提高女性的代表性地位，但该目标并不是在既有的社会秩序与规则下追求"像个男人"。以近代批判为出发点的第二次女性主义运动提出的首要问题是，"人"的模板不应该只是男人。女性主义运动追求的不是在与男性相同的规则下给予女性参与竞争的权利——换言之，就是在"机会均等"的名义下成为失败者的权利——而是通过要求对规则本身的修改，向既有社会说出最尖锐的"No"。

在女性主义运动的强烈影响下，女性学在学术领域里应运而生，并进一步发展为社会性别研究。社会性别研究在"女性"主场的领域里勇敢地挑战学术正统，拒绝成为被隔离的集中营。何为真理？由谁来决定？社会性别研究并不是单纯地从女性视角（死角）对由男性创建的学术真理性进行补充，而是通过"女性是谁""谁来决定女人之为女人"等问题不断地揭示学术的政治性。

20世纪90年代后，"女性"这一代号进一步从内部开始解体。女性主义逐渐成为唤起人种歧视、性意识差异等问题的启动装置。这也很自然，因为"女性思想"正试图通过探究差异与平等的两难问题，从而瓦解近代诞生的"人类"普遍性。

女性运动论

1988 年

讨厌启蒙

我讨厌启蒙。我没有蠢到需要别人来启蒙，也没有傲慢到觉得自己可以去启蒙别人。女性主义运动的出发点本该是自我解放，但不知从何时开始演变成了"进步的我"启蒙"落后的你"这样压迫性的运动。在所谓的女性主义启蒙运动中，存在着对女性从进步到落后排序的权威主义。"进步方"不但把"正义"强加于"落后方"，甚至如"十字军"一般对外输出所谓的"女性正义"。女性主义运动发达的国家与落后的国家之间，无异于"美国正义"之类的强制性殖民主义。真是多管闲事。要解放什么我们自己决定，用不着别人指手画脚地下定义——这才是女性主义应有的出发点。

女性主义运动是为了对抗强制性的男权社会而诞生的，但成立之后，"对抗价值"的尺度——婚姻是否合法、是否需要化妆、是否该称自己的丈夫为"主人"诸如此类的尺度——却成为了检查思想正确性的手段。扭曲的社会体制本该是批判的对象，如今却极具讽刺性地以更为扭曲的形态再现，运动的颓败正在于此。

"正论"之无趣

正论是极为无趣的，因为任何问题都以一句"不容争辩"而告终。"性歧视是错的""卖春是错的"，对，确实是错的，但那又怎样？

正论说上一百遍也不会带来任何改变，既不能改变世界，也不能打动人心。如果说说就能做到，那就不用如此辛苦了。不能理解这一点，是源于人的无知与傲慢。

文化对抗与反体制运动的退潮，就是源于怠慢。这种怠慢体现于人们在正论行不通的现实社会中过于执着于正论，而忽略了对社会体制结构的把握。这10年来，社会发生了巨大的变化，但反体制运动过于纠结对抗价值的"正义"，没有跟上现实的变化，导致一再落后。反而是"保守派"不再纠结于理念，针对现实的每一次变动不断微调，从而得以跟上变化。当今时代，"落后的革新"败给了"进步的保守"。这是一个极为讽刺的、保守革新逆转的时代。

强调对抗价值的运动想要在这个时代中避免陷入正论的僵局，唯一的方法是彻底解读现实社会的体制结构，做到知己知彼。弱者想要赢得胜利，只有彻底分析对手，做到比对手更为了解他们自己，才能抓住弱点反击。因此，与其有时间念诵一百遍"卖春是错的"，不如把这些时间用在研究男人为什么不断召妓嫖娼，研究一下"那些家伙到底在想什么"，这样才更为有效。

自立的陷阱

不少人认为女性解放的终点是"自立"，于是整天像念经似的念叨着"自立、自立"，把自己搞成"自立（律）神经失调"。这些人一说起"自立"，脑海中就立刻出现单身职业女强人的形象。这种简单粗暴地把"自立"等同于"经济独立"的做法，导致社会上开始宣传这样一个消极的女性形象——实现了经济独立，实际上却总是一个人寂寞地回到没有灯火相迎的家里，孤单地拿出冷冻速食加热……在反对势力逆袭时期，女性杂志不约而同地发出忠告："女士们啊，不要落入自立的陷阱，不要愚蠢地选择放弃'身为女人的幸福'！"

如果自立代表孤立，那么抛弃亲情、抛弃家人却换来寂寞孤独的这一形象，当然会让女性感到恐惧。如果自立只是这样一种贫瘠的形象，那女性自然会有"即使受点束缚也宁愿依靠男人活着"的想法。

自立被赋予了如此贫瘠的形象，虽然与媒体的恶意反宣传有关，但是女性主义者也确实一直信奉这种咬紧牙关、忍耐坚持的"独立女性"形象，也就是所谓的"阿信[1]"形象。这也难怪女性会觉得"这样的自立敬谢不敏"。

女性主义者在运动中发现的"自立"应该是"共立"。人的自立能力只有在集体的支撑下才能被培养起来。身边有伙伴，才能安心自立。自立绝不是孤立。

女性运动铸就的其实不是"自立"，而是"相互支撑"。只有存在一个个自立的个体，才能彼此依靠；只有知道可以相互支撑，才能安心自立。自立的女性逐渐明白了彼此之间是可以撒撒娇、可以依靠的。这不同于以往单方面对男性的依赖，也不同于男性之间不甘示弱的关系。女性主义已经跨越了"个人"概念，继续向前迈进了。

美国的女性主义者将这个过程用了 3 个非常巧妙的单词来诠释。从"依存"（dependence）到"独立"（independence），进而发展为"互相依靠"（interdependence）。女性在品尝到互相依靠的甘美并掌握其技巧之后，就会转而成为教育男性的角色了吧。

1　指 1983 年日本 NHK 电视台晨间电视连续剧的女主角。该剧改编自桥田寿贺子的同名小说，讲述了日本八佰伴百货店创始人阿信坎坷的一生。当年创下史上连续剧最高收视率 62.9% 的纪录。

战时运动和平时运动

众所周知，女性解放运动最初的旗手是在全共斗[1]的街垒中，出于对男人主导运动的失望而诞生的。全共斗失败后，男人脱离了战场，只有女人的女性解放运动留了下来。政治离场，性爱的季节登场。男人与女人在这里成双成对、孕育繁殖，女性解放运动的战场就是这日常生活本身。

女性之所以能够在大学斗争结束后仍然坚持斗争，是因为女性的运动本身就是"平时运动"。今天过后明天一定会到来，抚养子女只有在日常生活中才成立。孩子若是饿着肚子哭哭啼啼，母亲当然首先要解决"今天的牛奶"，哪还顾得上什么"明日的革命"。"二战"刚战败时，日本的男人一个个都是没出息的窝囊废，为了养家糊口，在黑市上抢购米面的是那些精力充沛的妈妈。

女人的运动不会"为了明日的解放而做出今日的忍让"。此时此刻的小小解放都做不到，还怎么能指望未来的解放？说到底，那不过是空中楼阁罢了。

"为了明日的解放而做出今日的忍让"被称为禁欲英雄主义，因其所谓的"酷"而令人——特别是男人——陶醉。"战时运动"

1　全称"全学共斗会议"，是 1968 年至 1969 年日本学生运动中，新左翼诸党派及无党派学生在各大学组建的学生团体。

就是由这种男人的英雄主义支撑着。我们已经目睹无数男人被这种英雄主义迷惑而走上可笑可悲的末路，也已经受够了他们带来的麻烦。

直白地说，英雄主义就是女性运动的敌人。女性中也不乏自命不凡、热衷英"雌"主义的，这些人也是麻烦。女性十分善于发现身边的小确幸，如果以"禁欲英雄主义"去贬低这种特长，那么女性运动就不会有任何进展。女性以"现实主义"的态度选择了"今天的牛奶"，她们充分理解"明日的解放"无非是一种画饼充饥的谎言，也熟知为了目的而奉献一切的运动已经走向衰落。这种"平时运动"的感觉让女性运动时刻保持着清醒与活力。

网状结构运动

反体制运动通常会在发展过程中创建一个自上而下的纵向官僚组织，成了反体制运动本要打倒的体制的微缩版，甚至更为恶劣。女性运动十分排斥这种纵向组织结构，她们力图创造一个横向的、平面的组织。女性运动到底有结构还是无结构曾经成为争论的话题。我认为与其说是无组织、无结构，称之为网状结构更为恰当。

在日本的反体制运动史上，曾出现过网状结构运动的先例——20 世纪 60 年代的"越平联[1]"运动。"越平联"运动施行的原则来自 1959 年三井三池斗争[2] 中由谷川雁等人创立的"大正行动队"的行动原则。其行动三原则如下：

1. 自愿参与；
2. 参与者不得强制未参与者加入；
3. 未参与者不得阻挠、牵制加入者。

这个行动原则看似极为简单，实为经过深思熟虑后得出的结论。

在这个原则下，团体的界限变得非常模糊，也没有强制力。"越平联"也是这样一个没有"成员资格"的团体，只要自称属于"越平联"，谁都可以是其中一员。行动的责任在于个人，个人的自律性得到了最大限度的尊重。团体本身没有"身份认同感"，无论谁做了什么，都不会有一个叫"越平联"的团体站出来承担责任。当然，也就不存在以团体的名义对个体进行除名或统制等压迫行为。

不问思想、无关理念，只要对行动本身有共鸣，就可以共享

1　全称"争取越南和平市民联合会"，日本民间反越战组织，成立于 1965 年 4 月，1974 年 1 月解散。

2　指 1953 年和 1959 年到 1960 年间在九州福冈三井三池煤矿爆发的一连串劳资纠纷。

同一时空。网状结构的运动由这种健康的实用主义精神支撑，加入或脱离都是个人的自由。不同于以往左翼领导下的大型组织，网状结构在反体制运动中生生不息，扎根于民间的市民运动和地区的居民斗争中。女性因其对权威主义和组织压迫更为敏感，故而继承了这一网状结构，作为不依赖任何权威或组织的民间运动不断地发展壮大。

新运动论

女性解放运动至今已经过去了将近 20 个年头。现在应该是一个合适的时机为这 20 年间积累的知识经验编撰一个目录，使其得以传扬。我想通过自身的经验对历年女性运动中创建的新运动论加以归纳总结。

1. 从金字塔型到滚石型

彻底否定领袖的存在是不现实的，但是每个人都可以在个人擅长的领域中自然地成为领袖，这种领袖可以根据不同领域不断变化。在某一领域中的领袖，在其他领域中可能是追随者。

2. 直接参与型民主主义

直接到场参与即为民主。动手的人自然也动口。不采纳多数表决的形式民主主义。无论何事只要有人想做就可以执行，反之，即使计划再好，没有人想做也无法实行。个人高于规则，内容大于形式。现实中，我参与的女性学团体虽然过激地废止了团体大会，但仍然活跃在第一线。

3. 小即美

不追求组织的不断扩大与延续。一旦有想要扩大的想法，就会产生负担。有活动时聚集在一起共享当下的时空，结束后就各奔东西。没有主场，没有分支，只有横向的合作关系，彼此传达知识与技能。

4. 今日的解放

绝不"为了明日的解放而做出今日的忍让"。既然今日的无趣无法保证明日会变得有趣，那何不今日就做今日的趣事？

5. 求异不求同

绝不是因为大家都一样，所以才聚集在一起。只是在共享同一时空的状态下，以不同立场、不同感受、不同行动，互相组合，做出新的创造。

6. 自发性与创意性

在集体中不断激发自发性与创意性。要在提出创意的人身后轻轻地推一把——"那个很有意思啊""做做看吧"。有人用这样的妙语形容："我们这场会不是枪打出头鸟，而是善用出头鸟。"

7. 避免信息集中

信息就是力量。信息的集中或者独占是滋生权力的温床，要极力避免。为此，信息应当尽可能地在成员之间流动共享。这样做会导致每次做决定都更费时费力，也有可能无法及时快速地应对问题，从而延误。内部的信息交换与调整的过程往往需要巨大的能量，并不是一个高效的选择。但是要想维持一个网状组织就要付出这样的代价，合作原理要比高效原理更加重要。

8. 任务分工流动化

避免因信息的人格化——这个人（信息）不在就无法了解任何这个领域的事情——滋生权力的另一个方法就是避免任务分工固定。短期内进行多次角色替换，与其专家做主，不如业余当家。为了让这一方法顺利实施，要将任务的执行方法标准化、手册化。也可以采取传统的师傅带徒弟的形式，让懂的人教不懂的人。最理想的就是任何人在任何时间都能做任何事。

9. 创造亮相的舞台

运动是一场盛典，不令人感到愉快是维持不下去的，没有紧张感就不能让人振奋。要想让一场运动变成有紧张感的活动，就要把正在做的事情展示给世人看。有了表现的舞台，招来了观众，大家才会变得气势高涨、精神振奋。如果招不来观众，那就彼此互相捧场。女性，有人欣赏才会越来越美！

10. 要做苦乐与共的伙伴，而不是你好我好的俱乐部

虽说运动要令人愉快，但若只是交一些朋友，和和气气的，建一个你好我好的俱乐部，那是无法孕育出集体连带感的。只有当大家共享同一个课题，共同经历解决过程，才能发现彼此意见的分歧，掌握调整分歧、克服问题的方法。没有课题的集体只会逐渐衰退，自我毁灭。

交流沟通是一种资源

女性究竟想通过这些活动做什么？是实现理想，还是创造价值？女性不会被政治思想或理念驱动。除了那些对思想理念没有

抵抗力的知识分子以外，女性或者说普罗大众，几乎只对自己和自己的生活感兴趣。他们想的是，要明白自己是什么人、要把自己的生活变得舒适安逸、要表现自我，这些都是对本人来说最迫切的欲求。要明白这一切，就需要有一面镜子。这面镜子就是周遭的人。既然如此，彼此的交流沟通就变得极为有趣了。

人际关系，可以说是在用尽所有资源之后留下的最后的资源。任何资源都会在使用中消耗殆尽，只有人际关系是取之不尽、用之不竭的资源。即使其他资源无法自己掌控，但这个资源是不会消失的。只要交流关系在持续，这就是最有趣的资源。女性运动不就是在不断创造这种"关系"资源吗？

但是，创造"关系"的能力因人而异，随着年龄的增长，彼此的差异会不断加大。当我们步入没钱没时间没体力的人生之秋，最后还能有发言权的就是这种名为"关系"的资源。不是我吓唬各位，"关系"是上了年纪后的隐形资产，这份资产的多少应该可算作衡量我们生活方式的一个标准吧。

但是，创造"关系"的能力是可以学习的。学习从没有太迟一说。女性终于下定决心爬出孤零零一个人的蜗牛壳，开始在这场运动中学习创造"关系"这一资源的技能。女性运动带来的这种能力的培养，我们应当为此感到自豪。

第一章

赋予燃烧的岩浆以形状

——20 世纪 80 年代

围绕性别差异的无谓之争

1983 年

这 10 年间，日本在面对美国时自信心暴增。工业产品优秀、经营模式优良、失业率低，而且治安也好。如此看来，在外人的眼中，日本简直是一个组织结构统一完美的理想社会。"但是！"美国那些所谓的"进步文化人士"跳出来说，"在日本，女性是受压迫的！"

"我去过日本，在正式场合里都没有女性。""企业高层里女性少得令人惊讶。""日本女性都被禁锢在家庭中。"……他们在日本这个理想社会中找到了一个无可辩驳的落后之处，如获至宝，欣喜若狂。性别歧视成了他们抨击日本的最佳目标。我估计在相当长的一段时间内，美国的文化人士会有组织地抨击日本的性别歧视。

我都不必举出越南战争的例子，美国救世主般的"十字军"信念可谓众所周知。从一元化的价值尺度推导出"先进的美国与落后的日本"图式，然后得出"必须拯救后进生"的结论。对于他们这种"质朴"的民族优越感，我真是厌烦透顶。同样令我极为不快的是，有不少同样"质朴"的日本人一力迎合这种美国进步史观，还不惜举例证明"是的是的，日本的女性解放是如此落后"，然后等着看美国人满意地点头称是。

1980 年是联合国妇女十年[1] 正中间的一年。在哥本哈根召开的国际会议上，《最后的殖民地》[2] 的作者贝努瓦·格鲁[3] 谴责非洲部落中女性成人仪式上的割礼，认为这是压迫女性的野蛮行为。可是对此言论怒不可遏、奋起反击的是非洲的女性。伊朗伊斯兰革命后，社会急速伊斯兰化，开始重新鼓励女性穿黑色大长袍（伊斯兰女性的传统服饰）。当时的西欧人士谴责这种变化是女性解放的倒退，然而现身对抗这一指责的也是伊朗的女性。她们的反驳理由是，不要无视她们文化的整体性，不要用一元化的西欧尺度来衡量一切。确实，从这个意义上来说，这个理由极为正当合理。

以西欧为中心的女性主义想要与第三世界国家的女性解放运动联动，并没有想象中那么简单。若女性解放思想会再次导致进步主义的先进与落后之争，那我们不得不在与他们唱和之前喊一声："且慢！"

相比之下，面对美国文化人士的日本社会性别歧视批判，日本男性的反应实在是简慢至极。他们纷纷带着半揶揄半真心的语气说着这样那样的理由：在日本的家庭中其实是女性掌握实权，

1　指联合国倡议和主办的一项具有世界规模的国际妇女活动，规定 1976—1985 年为"联合国妇女十年"。

2　此为日文版译名，原书名为"Ainsi soit-elle"（她便是如此）。

3　贝努瓦·格鲁（Benoîte Groult，1920—2016），法国新闻记者、作家、女性主义运动家。

当然，"公私有别"本就是大人在他们自己的世界中擅自创造出来的，和小孩子有什么关系？

曾经有一位女性在天天和自己的小宝宝待在一起后，把小宝宝称作"石器时代人"。有道理。比较一下至今仍生活在类似石器时代的新几内亚高地原住民和大城市里的现代人就可以发现，大人有明显的不同，但孩子几乎都一样。从石器时代至今，孩子们的生活并没有像大人们那样发生改变。换言之，20世纪的孩子要在出生后短短20年内，用超级迅猛的速度穿越4万年的时光。现代人的生活节奏和孩子的生活节奏不合拍却也很合理。

然而我们不可能把现代人的生活倒退回石器时代，我们能做的就是每天在石器时代与现代之间高速往返。这种落差与隔阂可以称为文化冲击，简直就是一种疯狂的生活。不论男女，现代人都必须在这种落差中经营自己的生活。

话虽如此，在跟石器时代的人交往的过程中，我们也可以唤醒内心的石器时代感。这是维持身心健康最好的疗愈方法了。想同时拥有家庭、工作、人际交往的男性和女性，我们都只能像走马灯一样穿梭在孩子生活的"石器时代"、人际交往的"中世纪"和高科技办公室的"21世纪"之间，在巨大的落差中顽强地活下去。想把这种被割裂的生活方式判定为"异化"并试图"整合"的战略，我只能抱歉地说是一种时代错误。

赋予燃烧的岩浆以形状!

1986 年

女性的状况再次变得混乱、迷茫。经历了联合国妇女十年后，女性解放思想已经在民间生根发芽，女性的生活与意识经历了无法倒退的变化，然而我们却再次对"什么才是解放"感到迷茫。1985 年 6 月，日本政府通过了联合国《消除对妇女一切形式歧视公约》，赶在同一时期制定出来的《男女雇佣机会均等法》也终于在 1986 年 4 月 1 日正式实施。但是关于这一法律，女性之中也出现了对立方。一方面犹豫着是否该追求"缺乏保护的平等"并不断走向社会，另一方面则觉得新法律让女性落入资本制度的圈套，结果企业越发加强对女性的压迫和剥削。

1985 年 11 月 3 日，"社会主义理论专题论坛"召开了"女性部门会议"，140 人参加了这次充满热情的集会，会议的中心议题是"各式各样的女性主义"。伴随女性主义的成熟，女性解放战略也呈现出多样化的趋势。在"女权或是母性"的传统对立之上，围绕女性外出工作问题出现了新的混乱与迷茫。对女性外出工作和经济独立的支持，无论是从社会主义妇女解放论的立场还是从自由派女性主义的立场出发，都是女性解放战略的第一要务。但现在面对这条"通过参加工作获得解放",出现了完全相反的"通过拒绝参加工作而获得解放"的战略。加纳实纪代[1]呼吁道:"现在正是从社缘[2]社会（职场）全体撤退的时机。"在一位研究"二战"后方历史并一直追究战争对女性的加害责任的学者眼中，女性被卷入社缘社会等于加强了女性对资本主义的支持与祖护吧。现如今的年轻人被称为"新劳动者阶级"（new working class），他们更重视自己的私人生活，逐渐远离企业，在这种情况下，充满热情与能力的女学生是当下企业最取之不尽、用之不竭的劳动力。女性正处于这种悖论之中。

"为了女性解放，我们现在应该做什么?"有一位女性主义者这样回答:"什么都不做是最好的女性解放。"从事生态学研究和欧洲体系女性主义流派内的人们纷纷附议。当然，任何人都有"拒绝传统社会的自由"和"当寄生虫的自由"，但是从职场上撤退下来的女性如果只能回归家庭，那么家庭也不可能是"解放区"。女性"参加工作"确实有可能成为资本制度的支持者，但是"拒绝工作"其实也是资本制度的受益者和支持者。正如论坛中心议题的副标题"进也地狱，退也地狱"所述，女性现在正处于这样一个两难的境地。

1　加纳实纪代（1940—2019），日本女性史研究者。

2　指以职场为基础的人际关系。

进入职场真的是解放吗？

  女性主义呈现多样化使女性在现实生活中的选项也趋于多样化。女性可以选择做兼职主妇，同时拥有"工作与家庭"，当然也可以选择当一个专职主妇。但即使是专职主妇，也并不意味着一直待在家里。度过了育儿时期的女性，不论是专职主妇还是兼职主妇，都会走出家门，当今时代已经没有对妻子禁足的暴君式丈夫了。对女性生活变化极为敏感的市场营销员甚至提议以后不要再称呼妻子为"内人"或"我屋里的"，而应该改称"外人"或"屋外的"。

  体验了所有的选项后，其实际状态和问题就会浮出水面。一直深信参加工作对女性来说是一种解放的人，她们在实际体验这种生活之前，会认为兼职主妇同时拥有了"工作与家庭"，可以将以往内心的郁结一扫而空。特别是非全日制劳动型的生活方式，既可以让女性在外拥有工作，又不会破坏充满人情味的家庭生活，对女性来说简直是最理想的工作家庭双丰收的选择。但是，只要真正体验过这种生活就会明白，兼职主妇的实际生活状态并非如想象中那么令人羡慕。她们非常忙碌，负担也重，而收入却少得可怜，工作往往单调无聊。面对这种现实，很多女性不愿意为了微薄的收入而牺牲自己自由和富余的时间，因此在兼职主妇这个选项前原地踏步。

  另外，在家门外等待选择走出家门的专职主妇的，是"寻求生存价值"的"文化消费"。她们在这个教室或那个社团兜兜转转，最终迷失目的地。"主妇难民"沦落为逢场作戏、追求一时欢愉的"周五的妻子们"（20世纪80年代热门电视节目的标题，一时间成为婚外恋的代名词）。

时间是无法用金钱购买的。也有一些女性有效地利用时间，她们是名为专职主妇的"时间贵族"，但事实上她们的"闲暇时光"是用丈夫的金钱换来的，看到这一点就可以明白，等待她们的是沦落为"新有闲阶级"的结局。

但无论是哪一种，女性的生活出现了多种选项这一点是毋庸置疑的。女性的多样化让我们无法继续简单地用"女人"或者"主妇"来概括。女性内部的层次正趋于分解、细化。问题是，这种生活变化和选择多样化真的是女性自身希望的结果吗？

以女性外出工作为例，与其说是女性希望的，不如说是"二战"后企业用人方一直把女性拉到职场中的结果。企业需要女性劳动力，女性才能外出工作进入职场。与此同时，妻子的收入作为生活费的补充在家庭里也变得越来越不可或缺。伴随日本社会日益老龄化，日本企业的论资排辈和终身雇佣制度崩溃，工资发放标准也从以往的最低生活保障工资（无关工作质量）变成与工作质量挂钩的职务工资，男性一个人的工资不能再养活全家人了。

从各方面来说，女性生活的变化最能体现20世纪70年代以来日本产业结构和社会构造的变化。

我一直认为日本的"大众社会"时代已经终结。普罗大众在"人人都是中产阶级"的幻想下悄然分化。明治维新以来的100年，支撑日本大众民主主义幻想的阶级或阶层间的移动性正在降低。在当今的时代中，职业的世袭性加强，父辈的资产可能直接决定下一代的贫富（当时流行给人贴上富贵或贫穷的两极分化标签）。

这10年来，女性的生活与意识发生了巨大的变化，但这绝不是女性主义启蒙带来的恩惠，而是女性追赶着社会生活不可倒退的车轮，在自己的大脑中拼命迎合其变化的结果。社会生活正裹挟着男男女女发生不可逆转的变化，女性直面现状，意识也随之改变，相比之下，男性完全没有察觉到这种变化而逐渐掉队。这就是当下围绕女性与男性的社会图景，是我对现实状况的认识。

联合国《消除对妇女一切形式歧视公约》把"在社会生活的所有领域中实现男女共同参与"作为女性解放的目标，打出了"男女同质化"的战略。无论保守派怎么唉声叹气，女性主义多数派都已经一致地朝着这个方向进入成型阶段。但不知该说是讽刺还是偶然，这个发展方向和当今高度产业化的资本主义的目标不谋而合。当下资本制度的目标是在产业结构重组的过程中实现"性别"这一变数的重组，力图使"性别"无效化，换言之就是"男女同质化"。

剥削女性的也是女性吗？

无论是对女性主义者还是对资本家来说，战略和战术的区别都只是或迟或早的时间跨度差而已。乍一看朝着相同的方向前进，但女性主义者和资本家的决定性差异在于，通过"性别重组"最终收获的结果对哪一方更有利。"女性时代"对女性自身来说，永远是一把双刃剑。

例如关于《男女雇佣机会均等法》的实施，有报道说企业处于犹豫与混乱之中。女性劳动者则将这部法律批判为一部由资方主导的"抽筋去骨、漏洞百出"的法律，充其量只是企图制造出一部分女性精英劳动者，用于装饰"男女平等展示柜"。不过即便只是一个"展示柜"，仍然能起到鼓舞女性劳动者的士气、令其充满干劲的效果。企业若是基于长远利益想要生存下去，就必须将女性化为战斗力，除此以外没有第二条路可走。

据传在去年的招聘大战中，某业界排名第三的计算机企业雇用了40名大学本科毕业的女生作为计算机软件开发人员，这一举措被称为业界"异变"。在每年应届毕业生的招聘战场上，大学毕业的男生会按照成绩排名或指定对口学校等制度，像一棵大树一样自上而下地被业界第一第二的企业一段一段地锯下来抱走。在这种成绩阶层制度下，业界排名第三的公司如果拘泥于只招男毕业生，那就只能永远捡前两位挑剩下的。想在软件行业第三次科技革命的激烈交锋中跟业界第一的公司一争高下，关键是必须拥有优秀的人才。那家公司显然打破了"仅限男生"的旧框，转变了思维方式，录用足以和顶尖男生匹敌的顶尖女生。从这个角度来看，是否拘泥于性别差异已经关系到企业的存亡了。

女性解放思想鼓励着充满热情和能力的女性，将她们送往劳动市场。企业则极为迫切地需要这些女性来补充战斗力。在这场女性劳动者战略化的争夺战中失利的企业，无疑会在企业的互相竞争中败北。

女性战略化的要求背后有如下三大要因：

其一，是伴随信息产业化兴起的第三次科技革命浪潮。在高度产业化的资本制度成形的同时，商业巨头独占市场的局面也基本成形。在这种局面下，风险型企业以打游击的形式破门而入，以"创意"为资本，要求重新分割市场。"知识"代替"金钱"成为新的权力，迎来了信息资本主义的时代。

我们目前所处的是一个市场重组的过渡期。正如那些既无资本又无经验与背景的学生能够在计算机软件行业中以风险型企业的形式获得成功一样，充满潜力、尚待开发的女性和孩子也能在既成市场分割体制的缝隙中穿行。

其二，日本已经成为贸易收支黑字过剩的国家，想要继续发展，就必须提高对国内市场的依赖度。日本需要做的不仅仅是通过新媒介进行市场重组，还不得不以"扩大内需"的名义对已经成熟的国内市场进行再开拓。而掌握国内市场开拓关键的，正是名为"消费者"的女性。

内需主导型的大市场使日本在经济高度成长期实现了"人人都是中产阶级"。现在，这个大市场随着大众的阶层分化和女性生活的多样化、分极化而不断瓦解。在"男性主生产、女性主消费"的近代性别分工下，消费意愿的决定权历来就握在女性手中，不能打动女性，商品就销售不出去。在这种"性别分化"的影响下，男性越发无法看清女性的生活。

物质流通的新时代是女性市场的时代。丰田商事（以不道德的经营手段骗取高额钱款，最终导致董事长被谋杀）的营销人员中有数位女性员工，她们巧妙地拨开女性顾客心里的层层花瓣，抓住核心需求，成功完成谈判。就这样，"剥削女性的也是女性"这一图景成立了。

在"无法看透的市场"面前，"女性商业"成了一匹黑马，穿梭在无法实现灵活应变的大市场的缝隙之间，填补着这些缝隙。"女性商业"由此成立。

另外，消费者群体中也出现了打破"男性主生产、女性主消费"分工模式的倾向。既然消费掌控权在女性自己手里，那么自己想要的东西就没必要让男人制作。不通过男性之手，自己生产、自己销售的"主妇商业"就此成立。按理说，随着兼职主妇和专职主妇的两极分化，女性也应该分化成"赚钱的女性"和"花钱的女性"，但是专职主妇拒绝被编入男性主导的生产体系中，反而自由地发掘出男性无法想象的女性需求。"主妇商业"的成功者以自己独特的创意为主体，主动参与到男性生产体系中，相比那些作为辅助性劳动力、拿着微薄薪水被差来唤去的兼职主妇，她们创造出了更高的收入。这样一来，原本以"在家庭之外的活动能否创造收入"为唯一标准来区分"兼职主妇"和"专职主妇"的分界线就日渐模糊了。

其三，也是最重要的原因，随着女性劳动力的增加，女性（中间）管理职务的需求也在增加，"使唤女人的也是女人"。"男上司女部下"的组织结构崩溃，虽然未必会呈现出"女上司男部下"的逆转结构，但是"使唤女部下的女上司"的需求量必然会大增。

作为日式繁荣和平（Pax Japan）的基底，女性繁荣和平（Pax feminism）或者是"女性时代"对女性来说究竟能否代表解放，对其趋势很难立刻做出判断。举个例子来说，女性的风险型商务和主妇的网络型组织有很大的可能性成为大企业外包产业链中的承接商，最终成为"外部劳动市场"。企业可以在不把女性编入"内部劳动市场"的同时，以低廉的成本利用她们的创意性与自发性。实际上，目前各地有很多主妇团体已经在企业合作中充当评论员或顾问的角色，而精英女性中，不论在日本还是在美国，也都盛行女性管理层联合会之类的网络型组织。她们彼此交换信息，互相扶持，弥补打入男性社会时的不利条件。当然我们无法保证这一小部分精英女性的成功不是建立在众多普通女性的累累死尸上的，毕竟最清楚如何榨取女性的也是女性。

话虽如此，如果我们不去面对"市场"，这个体系能带来女性解放吗？正如我开头所说，我们只要生活在这个社会上，无论是"出去工作"还是"留守家庭"，都在支持着"市场"，这一点不可能有任何变化。在职场与家庭分离这一领域中，"市场"更强有力。

在"女性时代"里还有一个陷阱："市场条件不发生变化"，其实质就是在诸如"内需扩大型经济成长不断持续""日本贸易收支黑字不断持续""国际分工体制不崩溃"等条件下，日式繁荣和平中女性繁荣和平的持续。女性在日本社会的加害与被害这一构造体系中既不是无罪的，也不是无关的。

不论如何，作为"发达国家内部的发展中'国家'"，女性应该还会在相当长的一段时期内享受选择的多样化与自由，在既存的固化体系间隙中穿梭、游击，获得若干胜利吧。不过"相当长"的一段时期究竟是多长？女性繁荣和平下的"女性时代"对女性来说究竟能不能成为"解放"？目前我们只能屏息静观其变。

工作母亲所失去的

1988 年

陈美龄[1]带着襁褓中的幼子去电视台或演讲会场等工作场所。媒体界首屈一指的才女林真理子[2]和中野翠[3]在周刊杂志上对此进行了批判。山田咏美也在月刊杂志中对"陈美龄批判"附和、赞同。最近一期《朝日周刊》的"媒体时评"专栏中报道了这一连串的事件,并略带揶揄地起名为"两个恐怖女人虐待美龄的故事"。不过,仅仅把她们的言论当作"霸凌"或者"没有孩子的女人的妒恨"等"低水平"的争论,未免不够公平。

陈美龄虽然也在月刊上拼命抗辩说"我才不会输给那些'陈美龄攻击'呢",不过她发言中的一些言语不当也很引人注目。与此相比,更令人介意的是拥护陈美龄的声音极小。所以在这里,就算招致怨恨,我也要主动站出来拥护她。

林真理子在杂志中以十分冷静的态度阐述自己的"正论":

---

1 陈美龄(1955—),出生于中国香港,在日本出道成为歌手风靡一时,也创作随笔小说,从事慈善活动,目前定居日本京都。

2 林真理子(1954—),日本小说家,女性时尚杂志特约撰稿人。

3 中野翠(1946—),日本专栏作家、随笔作家。

"带着孩子上班若是被制度许可那该有多好……不过,在工作间隙给孩子喂奶,然后回到自己的座位上工作,作为一个职业工作者,我的自尊心不容许这样的情况出现。"她的"正论"是所谓的职业工作者"不容许"的"正论",是咬紧牙关在职场上和男性并驾齐驱的女性的"正论"。从这一"正论"来看,陈美龄的做法属于女性缺乏常识的蛮不讲理的"娇气"行为。

长久以来,女性因为这类"正论"到底失去了多少东西呢?"正论"起到的通常都是压迫的效果。提倡遵守规则的人,都是可以通过遵守规则获得利益的人。但是女性若不无视规则、蛮不讲理,往往无法让自己的主张得到支持。女性一直以来要求的"工作孩子两不误""带薪育儿假""设有育儿室的音乐会",每一条都是史无前例、不合常理的。

陈美龄既没有像山口百惠[1]那样"结婚隐退",也没有像松田圣子[2]那样暂停事业休"育儿假"。陈美龄出生于父母双职工家庭,也许这样做是理所当然的。在传统的演艺界夫妻共同工作的家庭,一般都请帮佣来度过育儿时期。以陈美龄的收入,普通家庭不敢问津的月嫂,按理说也是可以随便请的。

但是陈美龄连月嫂也没有请。在周围人惊讶的目光中,她成为演艺圈"带孩子上班"的"缺乏常识"的第一人。当然,陈美龄这样的"特权阶级"不能和"普通女性"相提并论,但是她的

1　山口百惠(1959—),日本女演员、歌手,1980年结婚后退出演艺圈成为专职主妇。

2　松田圣子(1962—),日本女歌手、演员。

行为让世人看到，"工作母亲"的背后有孩子的存在，孩子并不会在不管不顾中自己成长。若没有人照顾孩子，母亲只好带在身边，自己照顾，"普通女性"也有这个亟待解决的需求。

男人可以不用"带孩子上班"到底是托了谁的福呢？男人也是"工作父亲"。一旦没有了母亲，变成父子单亲家庭，男人也会陷入和女性一样的状况。工作父亲也好工作母亲也罢，都在职场上摆出一副"孩子不存在"的职业工作者的面孔忍耐着。而陈美龄"带孩子上班"，把"育儿不是寻常小事"变成世人可以真正看见的事实。

我主动代替陈美龄参与这次"代理战争"，也许会给她添麻烦。但是，到底是谁高高在上、一脸喜悦地旁观这场女性对"女性带孩子上班"的批判呢？这场"代理战争"的真正对手，也许是更难对付的敌人吧。

女性们，不要再当"阿信"了

1988 年

"女性也应该作为职业工作者自食其力。不可以带孩子上班给企业添麻烦。"林真理子对陈美龄的这一批判不仅在工作女性中，在主妇中也获得了很大的支持。此事至今仍处于支持方和反对方的论战旋涡中，很多人都表示"我有话要说"。我认为这次论战的意义在于女性之间关于"边育儿边工作"一事的热烈讨论和影响的扩大。

"二战"之后，关于女性问题出现过 3 次以"工作还是家庭"等为主题的"主妇论战"，但每次都只有一部分人参与。从这个意义上来说，"陈美龄论战"参与面的扩大可算是对个人的人生观、价值观的试金石。

陈美龄论战的关键词是"添麻烦"，即带孩子去上班是给社会、企业添麻烦，是对自己的纵容，而纵容陈美龄这么做的社会也是不对的。可是，"带孩子上班会给公司添麻烦"一旦变成社会共识，那就不妙了。要让我说，带孩子上班的女性不是自我纵容，反而是那些把所有的育儿责任完全推给女性的男人才是对自己最大的纵容。

我们可以理解那些不想给别人添麻烦，也不希望别人给自己添麻烦的人。但是，谁都会生病、衰老，不可能在一生中都不给任何人添麻烦。那些咬紧牙关说着绝不给人添麻烦的人，一旦生病或衰老，究竟该怎么办呢？

再来思考一下，如果说带孩子上班会给人添麻烦，那么大概可以分为4种情况——企业、孩子、女性、男性。

林派的理论正是企业方的理论。这个理论仅仅把现在的男性社会生搬硬套给了女性：一切以企业利益为准，哪怕自己会粉身碎骨。这到底是为了什么？女性追求至今的女性解放，并不是要变得像男性一样拼命。这次的论战可以让我们明白一件事，就是在女性中也有众多默默忍受一切的"阿信式"打工人。

从孩子的角度来考虑，带孩子上班其实也是在给孩子添麻烦。孩子在一个既没有玩具又没有小朋友一起玩的环境里是不可能快乐的。而且，想找一个不觉得孩子麻烦的环境，估计只有自己家里了。这样一来，问题就回到了"因为女人和孩子是社会的麻烦，所以应该退回到不惹麻烦的地方去"。

那要怎么解决呢？只有扩充和完善幼托设施。例如从20世纪70年代初期开始，地区公民馆等公共设施内设置了临时托儿所，现在已经基本普及了。那么，为在育儿期间想去饭店或看电影的人开设一家带有临时托儿所的电影院，作为一种经营手段也是可以成立的吧。

大多数情况下，即使是对小孩有利的事，也是大人最终判断并做出决定的。这种判断的基准因人、因时代而异，并不是绝对的。既然如此，让女性做她觉得是对的、想做的，就是最好的判断。有一位小儿科女医生的话让我印象深刻，"妈妈若是生活得开开心心，对孩子来说就是合适的"。

能够生活得开开心心，所需要的条件也因人而异。有的人觉得能去工作就开心，也有人觉得待在家里开心。重要的是，完善我们的社会体系让女性能够生活得开心。如果能够让女性坚持对她们有利的主张，即使不符合社会常识也应该支持。

女性们，不要再当"阿信"了！陈美龄带孩子去上班，即使引发了问题，也比不带好得多。因为只要不发生问题，我们的社会体系就不会有任何改变。

不过，对于陈美龄的母子一体感，我也是持怀疑态度的。她说："在孩子1岁半之前都应该坚持母乳喂养。孩子年幼时与母亲的身体接触可以在母子间建立稳定的信赖关系。"这种想法对有工作的母亲来说是一种威胁，会让她们因罪恶感而苦恼。年幼时缺乏身体接触会导致孩子误入歧途，这种说法并没有根据。另外，她说"很多事情都是生了孩子后才明白，所以女性应该生孩子"，这也让我觉得很困扰。我虽然没有孩子，但很理解母亲带孩子的辛苦和不利因素。一部分女性试图把从自身的浅薄经验中得出的判断强加于所有女性，这种做法只会给整体女性带来不利的影响。

最后，"陈美龄论战"让我最为厌恶的是男人沉默、退缩、作壁上观的行为。这种行为直接凸显了他们的想法——"育儿仅仅是女性的问题"。对于不参与育儿的男人来说，不存在父子关系。这和抛弃孩子有什么两样？我希望男人能尽早意识到这一点，这笔账迟早有清算的一天。日本社会一方面赞美"母性"的伟大，另一方面却不对女性或孩子提供任何帮助。现在最重要的应该是建立和完善社会体系，不让带孩子的女性受到损害。这次论战必须要把男性和整个社会卷进来。

平女的陈美龄

1988 年

从今年起，我任职的平安女学院短期大学（简称"平女"）开设了一门公开课。平女的办学思想是"地区开放式大学"，和其他学校一样，每年会举办 3 次专门面向地区居民的公开讲座。不过今年开始的这门公开课与公开讲座不同，是允许一般市民听讲的普通校内课程。

课程开设大获成功。校内学生会逃课，可是来听讲的成年人不会。老师偶尔有事停课一次，大学生会欢呼，而听讲者会一脸失望地抱怨："怎么这样啊！"欢呼的大学生们亲眼看到这种反应的落差，似乎也感受到了文化冲击。

听讲者在课程中的发言也十分积极。说起经济高度成长期的话题时，还会出现说"那个时候……"的历史活证人。对那些自己出生前的事情，学生也会钦佩地听到入迷。

有时也会出现"我在你们这个年纪的时候……"之类带有过往经验教训的故事。比起讲台上老师的话，这些生活方式和自己的母亲不同、充满个性的成年女性的故事有着更强的冲击力，学生们听得兴致勃勃。

课程效果不仅体现在学生的身上,我这个教师在课堂上的状态也更为振作。和没有社会经验的"小鬼"不同,听讲者中甚至有比我年纪更大的人,在课上可不能马马虎虎地说出什么蠢话来。今年的课程让站在讲台上的我都非常紧张。

本校是女子学校,很遗憾谢绝男学生入内。这也不错。课程安排在工作日的白天,来听课的都是在这个时间段能抽出时间的女性。开课后一看,果然和我预料的一样,基本上都是度过育儿期的 35 岁以上的无业女性。

某日,我在课堂上提到陈美龄带孩子上班的话题,一位看上去非常年轻、几乎和大学生一样的听讲者主动要求发言。

"我有两个孩子,一个 4 岁,一个 1 岁,每周来上课的这个时间,我会拜托公公帮我看孩子。我周围也有不少和我一样有着年幼孩子的母亲,她们常说要是学校有临时托儿所,自己就能来听公开课了。我还想过要是没有人能帮忙看孩子,干脆就带孩子来上课……"

"带孩子来会给大家添麻烦吗?"她问道,"要是那样,我就成了'平女的陈美龄'了呢。"话音落地,满堂爆笑。

"陈美龄论战"的成果之一是让很多年轻人回忆起自己小时候也跟着母亲一起去上过班的过往。在过去,带孩子上班可是司空见惯的事。

"请带来吧。说实话,带孩子来对课堂来说确实是个麻烦,不过课堂对孩子来说也是个麻烦。那又怎样呢?添麻烦就添麻烦吧，出问题就出问题吧。这样的话，大学说不定也会开始考虑为公开课开设一个临时托儿所呢。"

如果不是哪里出了问题，这个社会的体系是不会有任何变化的。请变成"平女的陈美龄"搞点问题出来吧。我抱着这样的心情鼓励道。

顺便说一句，平女的英语名是"St. Agnes' University"，和陈美龄的英文名"Agnes"一样。

神话破灭之后

1988 年

　　20 世纪 80 年代后，女性论取得了惊人的进展。近几年，有关女性论的刊物已经不再停留在通讯报道、纪实文学和散文随笔的领域里，开始集中刊行理论类书籍了。当然，这些理论成就是在 20 世纪 70 年代妇女解放运动的影响下诞生的。20 世纪 80 年代的女性论以语言文字的形式，对那场思想先行的解放运动进行了有段落、有层次的阐述，并在 10 年后，对那场运动在女性主义的历史上做了定义与定位。在这一过程中也出现了诸如"妇女解放和女性主义是不同的"之类的反驳、理论家与活动家之间的分裂等。

　　让我们来看看 20 世纪 80 年代女性论带来的成果。

　　第一，日本的女性主义超越了原本从欧美引进的思想，以独立的依据与背景显示出了日本特色。江原由美子[1] 在其著作《女性解放思想》（劲草书房，1985 年）中追溯了妇女解放运动的轨迹，指出日本的妇女解放运动提出的是现代主义与反现代主义的

---

[1] 江原由美子（1952—　），日本社会学家，研究领域为女性学、社会性别论、理论社会学。

对立轴。妇女解放运动追求的共同体志向或回归自然的想法与生态学运动相结合，原本是从对现代的批判出发，结果却彻底转身，背对现代。另外，妇女解放运动强调的女性"生育性别"特征，反而给女性幻想的成形助了一臂之力。不过，解放运动的实际情况错综复杂，很难用一两句话说清。

第二，在这一时期，如雨后春笋般地出现了大量独立的理论性成果。青木弥生[1] 在其著作《女性主义的宇宙》（新评论，1983年）和《女性主义与生态学》（新评论，1986年）中，从生态女性主义立场批判了现代社会，特别是以日本为例，详细论述了天皇制度和传统家庭观念如何造成近现代对女性的压迫。伊万·伊里奇[2] 的《社会性别》（岩波书店，1984年）给了"女性原理"派不必要的支持，受到了当时日本男性知识分子的欢迎，对此上野千鹤子写了《女性能拯救世界吗?》（劲草书房，1986年）进行彻底的批判，并引发了"女性主义论战"。还有，金井淑子[3] 在《立于转折点上的女性主义》（每日新闻社，1985年）中表明了自己的立场，即强调"女性主体形成"的法国式"差异派女性主义者"，由此导致了性别差异的"最低纲领派"（专注由性别差异带来的个人差异）和"最高纲领派"（专注于差异本身）之间的

1　青木弥生（1927—2009），日本纪实文学作家、评论家。

2　伊万·伊里奇（Ivan Illich, 1926—2002），出生于维也纳，哲学家、历史学家、社会评论家。

3　金井淑子（1944—　），日本女性学研究家。

对立。在 20 世纪 70 年代还处于混沌一体的女性主义，在 20 世纪 80 年代出现了多种形式，并且不畏对立、不惧争论，呈现出一个崭新的样貌。江原、今井、上野 3 人会聚一堂的研讨会记录（《女性主义将走向何方》，日本女性学研究会 85·5 研讨会企划集团编纂，松香堂书店出版，1985 年）用来概观当下的女性论现状真是再合适不过了。

第三，女性论明确了女性主义理论是从女性的视角重新审视社会整体，参照体系发生了转变。20 世纪 70 年代的妇女解放运动给社会科学带来了冲击，"女性学"（women's study）成立了。按照井上辉子[1]在《女性学及其周边》（劲草书房，1980 年）中的说法，女性学的定义是"由女性进行的为了女性的女性研究"。如果是这样，女性学就变成仅局限于女性的局域性学科了。但是之后的女性学研究不断揭示的，都是在整体社会认识中存在的男性中心主义的偏见。上野千鹤子在《女人的快乐》（劲草书房，1986 年）中明确指出了，从"女性视角"重新审视近现代社会的形成过程和社会认识的参照体系问题，可以无比清晰地看到两者的扭曲。在女性学诞生之前，有一个研究领域叫作"妇女问题论"。妇女问题论是将"有问题的妇女"作为社会病理进行研究的局域性学科。女性学则是以女性视角研究社会整体结构扭曲问题的全球性学科。从"妇女问题论"到"女性学"的转换，就是

1　井上辉子（1942—2021），日本社会学者、女性学者。

从地方走向世界的进步（山村嘉己、大越爱子编，《女与男的关系学》，明石书店，1986年）。

女性学研究方向的中心课题之一是主妇研究。日本出版的第一本冠以"女性学"之名的著作是由岩男寿美子和原弘子合著的《女性学起步》（讲谈社现代新书，1979年）。这本书是以1978年东京召开的国际女性学会报告为素材编写的，其中收录了原弘子写的《主妇研究推荐》。后来这份学会报告还被刊登在了《现代日本的主妇》（NHKBOOKs，1980年）一书中。

女性学以主妇为研究对象这一战略性姿态，意在通过质疑社会传统中理所当然地认为"结婚成为家庭主妇"是女性的幸福这一"常识"，来颠覆社会的一般观念。同一时期，上野编著的《主妇论战全记录》（劲草书房，1982年）出版发行，进一步加快了主妇研究的速度。随之而来的是关于家务劳动的论战，两者相结合，主妇研究和家务劳动研究在进入20世纪80年代后都获得了飞跃性的进展。马克思主义女性主义对家务劳动概念化有着巨大的贡献。上野的《资本制与家务劳动》（海鸣社，1985年）也可算是在马克思主义女性主义立场上诞生的成果。这一时期还接连翻译出版了许多家务劳动论的经典著作，例如意大利玛利亚罗莎·达拉·科斯特[1]的《家务有偿化》（Impact出版会，1986年），

1　玛利亚罗莎·达拉·科斯特（Mariarosa Dalla Costa，1943—　），意大利20世纪女性主义运动的重要人物。

还有德国杜登[1]与沃尔霍夫[2]的《家务劳动与资本主义》(岩波书店，1986年）等。

第四，20世纪80年代的女性论试图在女性主义历史上定位当下变化的整体趋势。藤枝澪子[3]把女性主义的历史一分为二，20世纪初以杂志《青鞜》为代表的大正时期的女性解放运动被称为第一次女性主义运动，20世纪60年代末女性解放运动后的新浪潮被称为第二次女性主义运动（朝日周刊编，《女性战后史Ⅲ》，1985年）。两次运动都与欧美等世界性女性运动的时期相同。第一次女性主义运动也是多种立场的复合体，其中较为著名的是关于"母性保护"的论战（香内信子编，《资料母性保护论争》，多美斯出版，1984年）。开端是激进的现代主义者与谢野晶子发表的关于女性在实现经济独立之前不应该生孩子的言论。平冢雷鸟对此反驳道"女性保护的主张并不是依赖主义"。之后山川菊荣[4]加入两人的论战，她站在马克思主义的立场上提出，无论是从个人主义角度还是从国家福利角度，解决母性问题都有其极限，不进行社会变革就不会有女性解放。这场母性保护论战后来由高群逸枝[5]归纳为与谢野晶子的"女权主义"对平冢雷鸟

1　芭芭拉·杜登（Barbara Duden，1942—　），德国医学史研究者、社会性别研究者。

2　克劳蒂亚·冯·沃尔霍夫（Claudia von Werlhof，1943—　），德国社会学家、政治学家。

3　藤枝澪子（1930—2011），日本"越平联"活动家，京都精华大学名誉教授，专业为女性学、社会性别研究。

4　山川菊荣（1890—1980），日本评论家、女性问题研究家。

5　高群逸枝（1894—1964），日本大正昭和时代的女性史研究家、诗人。

的"女性主义"。高群把山川菊荣的立场称为"新女权主义",并宣称能够超越"新女权主义"的是自己的"新女性主义"。高群成为日本女性史上一颗耀眼的明星。但是近年来,年轻的女性史研究者山下悦子[1]对高群做出了批判性研究,认为高群强调超越现代个人主义的"母性我"、提倡由"族母"领导的理想社会的立场,最终被卷入法西斯战争,成为战争帮凶(《高群逸枝〈母系制的研究〉与本居宣长》,社会主义理论论坛编,《女性主义挑战》,社会评论社,1986年)。

西川祐子[2]对比了第一次女性主义运动的母性保护论战后,将20世纪80年代青木弥生对上野千鹤子的论战(《女性主义将走向何方》,松香堂书店出版,1985年)称为"第二次女性主义论战"(《一个谱系》,胁田晴子编,《问母性》下卷,人文书院,1985年)。按照西川的谱系推论,水田珠枝[3](《女性解放思想的进程》,岩波新书,1973年)属于现代主义性质的"女权主义",与此相对,强调"女性原理"的青木弥生的生态女性主义属于"女性主义"。上野千鹤子的马克思主义女性主义试图扬弃前两者的"去现代化",可归为菊荣的"新女权主义"。理应随之而来的"新女性主义"仍然空缺,西川认为高群的当代继承者会是石牟礼道子[4]。

---

1 山下悦子(1955—),日本女性史研究家、文艺批评家。

2 西川祐子(1937—),日本法国文学研究家、女性学家。

3 水田珠枝(1929—),日本思想史研究家、女性学家。

4 石牟礼道子(1927—2018),日本小说家、诗人、环境运动家。

石牟礼走的是拯救"女性性[1]"的道路，但它同时也是民族主义与传统回归的陷阱。日本的女性主义对民族主义和经济侵略到底有多深重的罪孽，加纳实纪代对此正踏踏实实地进行着挖掘研究（《女性们的"后方"》，筑摩书房，1987年；铃木裕子著，《女性主义与战争》，Marge社，1986年等）。

正如第二次女性主义运动并不只是第一次女性主义运动的重演一样，第二次女性主义论战也不仅仅是第一次女性主义论战的重复。家族史研究者落合惠美子[2]分析认为，第一次女性主义的浪潮对应"现代家庭"的成立期，而第二次浪潮对应"现代家庭"的解体期（《〈现代〉与女性主义》讲座，女性学第四卷；《用女性眼光观察》，劲草书房，1987年）。女性主义与历史变动期无疑有着必然的逻辑性对应。在这个时代，赞扬"女性原理"代替失效的"男性原理"，这种单纯二元论已经不再成立。在打破所有对"女性性"的偏见或神话并取得突破性进展之后，女性论静静地完成了从总论时代到多样化分题专论时代的转变。

1　指女性气质，如感性、柔软性等。
2　落合惠美子（1958—　），日本社会学者，专攻家族社会学、社会性别论、历史社会学。

掉队男与先锋女的危险关系

1989 年

男性解放运动宣言

每次有人问我："男人也能成为女性主义者吗？"我都会回答："多管闲事！你们在掺和女性解放之前，不是还有自我解放这个大工程摆在面前吗？赶紧去做男性解放运动吧！"

就像呼应我的话似的，很快渡边恒夫就出版了《脱离男性的时代》，高声发表男性解放运动宣言。我看到标题，不禁想喝彩："好！等很久了！"但也按捺不住自己半信半疑的心情。打开书，读着读着我的半信半疑变成了彻底的怀疑。什么？为了恢复"被女性剥夺的美"，将夫妻关系搁置开始男扮女装，这就算男性解放了？容忍丈夫或者恋人的女装癖，接受他们性嗜好的多样化就是"女性与男性的良好关系"了？开什么玩笑！我真想说："享受着男性至上主义的好处，用一时的感觉倒错作为代价去慰藉被压迫的一方，男权主义可真是好啊！小哥哥们，别太惯着自己了！"

日本哪里有真正实践男性解放运动的男性一族啊？别说，还真有。远在 10 年前有一群男性，他们不张扬不作声，不自称是女性主义或男性解放，但是在默默地实践着男性解放运动。他们的名字叫"育时联"。"育时联"这个名字起得好，非常谦虚，据说是"男女都该有育儿时间联络会"的简称。《劳动基准法》规定的育儿时间只有少得可怜的上下午各 30 分钟。"育时联"负责人之一增野洁[1]说，马克思描绘过"无论男女一天工作 4 小时"的美好蓝图，这种革命性的提倡我们就不说了，一天总共 1 小时的育儿时间好歹也给男性安排一下吧。他们如此卑微的要求真是让我潸然泪下。

　　但是他们也很清楚，在现实中，作为一个在企业社会里生存的男性，也要有这种卑微的要求被批判为"掉队男"的心理准备，赌上前途和命运。不信的话就在单位里提出来试试，首先就会被同性男人的冰冷视线淹死。就算你是工会的男性也不例外，说不定还会更糟。工会的男性会因为背负着所谓"劳动运动的大义名分"而陶醉于自己的英雄主义，这和只重个人情义的黑道美学颇有相似之处。他们不会支持"育时联"。当然，也是因为企业的强烈反对。育儿时间本来是为了给孩子哺乳的，连乳汁都没有的男人怎么能给你育儿时间呢？他们要想争取育儿时间，还不得不去反驳这种生物学角度的定论。除此以外，还有邻居的闲言碎语、保育园阿姨和别的年轻妈妈的白眼、七大姑八大姨的挖苦，可不要说什么"只不过是育儿时间而已"。"育时联"的男性

1　增野洁（1936—　），"育时联"初创时期成员，20 世纪 90 年代退出。

要面对的敌人可是满天下的。

掉队男与先锋女

　　政府给妇女行动计划起的标题是"男女共同参与社会建设"，提出应当打破男女的社会分工，互相参与。不过，有多少男性会积极主动地参与到女性的分工领域中去呢？女性一直以来都热切地希望参与到男性的领域中，现实中也确实这么做了。走进男性领域的女性往往被讥讽为"野丫头"、脱离社会常识的女人，她们在女性领域中显然是掉队一族。但是我认为，在男女领域中有价值差异的地方，和男性一样能干的女性不应该被称为掉队女，先锋女才是更合适的称呼。事实上，她们不甘于受"女人味"压迫，都拥有超出常人的能量与力量。

　　提倡男性解放的男性也试图跳出固有的男性形象限制，当然他们也被称为掉队男。而且，他们是真正的掉队一族。只要女性领域中的育儿和家务被看低，对此出手的男性就会沦落到"像女人一样"的地步。在"男性领域"和"女性领域"间仍存有价值落差的情况下，"家务、育儿是充满创造性的人生趣事，男性也应该尝试一下"之类的宣传语只是一个美丽的谎言罢了。价值转换确实是革命性事件，但这种变革必须是从思想上和制度上同时让"男性领域"和"女性领域"变得真正平等才可以。"育时联"

的男性还不得不与自己内心对从"男子汉"到"掉队男"的心理抵触感做斗争。

与"育时联"的男性相比，那些女装大佬装什么悲怆。剥夺了女性的工作与权利，将所谓的女性美强加于女性之后，现在又想把这所谓的"女性美"也拿走，想得真是美。男人所赞赏的价值，现在又想从女性那里夺取，自己直接拥有，男人的自恋与占有欲还真是个无底洞啊。

女性主义与男性解放的危险关系

女性主义者是先锋女，男性解放运动者是掉队男，那这两者应该关系不错吧？其实这还挺麻烦的。

在从"女人味"舞台上退下来的女性中，很多都是充满活力的有魅力的女性。事实上，一直以来女性主义者为女孩子提供了无数的正面榜样。但是在男性解放运动者中，这种印象就十分暗沉淡薄了，很少出现能让男孩子崇拜模仿的帅气典范。不过也没办法，因为他们是如假包换的男性社会掉队族。有谁会想要当掉队男呢？

更严重的是，连女性主义者对他们的评价也极差，原因之一是先锋女内化了的精英主义在作祟。主动追求"更高更强"的女强人只喜欢同样"更高更强"的男子汉。将精英主义深深内化到骨子里的精英女性绝对不会把档次不如自己的掉队男放在眼里。从这一点来说，她们自身也成了可怕的性别歧视主义者。

在今天，"女人味"开始包含"有力""强壮"，内涵变得更为多样，但"男子汉"并没有出现多样化趋势。男人的帅气性感仍然只是高仓健[1]或是冷酷无情的硬汉模样。造成这种情况，女性虽然有一半责任，但"掉队男"的努力不足也是重要原因。"掉队男"不应该自暴自弃地整天说"反正我们是失群之鸟"，而应该拾起你们的尊严，相信自己的信念，堂堂正正地"掉队"。首先，请打扮得再时尚一些吧。

那么，让先锋女和掉队男成双配对又会如何？这听上去像是解决失业问题的对策，不过我仍然只有糟糕的预感。就算在"育时联"，孩子长大也是一眨眼的事，好了伤疤忘了疼。那些"育时联"主力成员的孩子现在也已经像模像样了。在平均寿命长达80岁的时代里，就算是女性，育儿期所占的人生比重也在不断变小，到底是什么样的男性会投身于养育子女，而把男性社会的人生游戏白白断送呢？这样的男人成为育儿爸爸的话，对孩子来说等于多了一个唠叨烦人的男妈妈。有一个妈妈已经够麻烦了，再多一个孩子都要窒息了。

话虽如此，"育时联"的男性也未必就变身为妈妈的翻版。

1　高仓健（1931—2014），日本著名男演员，其出演的硬汉形象深入人心。

短短的育儿期过去后，既不用为了家庭也不用为了公司，他们会变成一个自私任性的人。就像女性把育儿当作尚方宝剑一样，男妈妈也只不过是打着"为了孩子"的旗号走下男性社会的舞台，内心真正想的是"为了自己"而活罢了。

当然，女性解放运动原本就是女性追求"为了自己"的人生而发起的，不是"为了丈夫"也不是"为了孩子"，所以男性解放运动追求"为了自己"的人生不存在任何应受到指责的理由。说到底，无论是女性解放还是男性解放，最理想的状态就是双方都承认自己的自私，然后创建一个父母和孩子彼此支撑的共同体，但现实并不会如人所愿。现状是，这种组合的家庭往往落入"逆向性别歧视"的模式，强有力的先锋女如凶神恶煞一般，又或者像庄严稳重的"日式母亲"一样主宰着孩子与丈夫，宽宏大度地让掉队男在自己的手掌中胡作非为。这不就是古来就有的大家族当家主母的模式吗？日本的优良传统啊。不过今天的女性并没有足够的度量能任劳任怨地放手让丈夫胡作非为，所以不知不觉就开始抱怨、不满，或者为了泄愤转而走上偷情的道路。想想周围，这样的例子是不是不少呢？

致男性的声援词

综上所述，先锋女固然前途艰难，掉队男更是路途险恶。

横眉竖目、英勇向前地面对困难，实在不太像你们的风格。你们还是尽量轻描淡写、时尚性感地处理好自己的人生吧。也许，我们希望能够从观众席上传来赞叹与掌声——"男性解放运动真帅气！"

女性抨击女性的时代开始了

1989 年

　　这 1 个月里，我无端地被卷入一个不是由自己挑起的争端，意外地成为中心人物。这个争端正是曾野绫子[1]女士的"上野批判"（专栏《黎明时分的油墨香》，选自杂志《新潮 45》1989 年 9 月号）。其实真正引起争端的是《周刊新潮》（8 月 31 日号）刊载的《受到曾野绫子斥责的社会学家上野千鹤子助理教授》以及紧随其后、《周刊 POST》（9 月 8 日号）发表的《曾野绫子再次发声——对上野千鹤子经历的厉声斥责》。

　　对《新潮 45》刊登的曾野女士的文章最先做出反应的是《周刊新潮》，毕竟是同一家出版社的杂志。在我还不知道原文的存在时，《周刊新潮》就发来传真，请我写"反驳"，我当场拒绝了（理由会在后文详细阐述）。但是对方死缠烂打，说不写文章也行，可否双方直接对话，刊登对话记录，当然也被我无视了。结果就出现了 8 月 31 日号刊上的那篇文章，字里行间透出的"曾野 vs 上野"的氛围，让人感到出版社想方设法要把此事变成

1　曾野绫子（1931—　），日本作家。

"争论焦点"的执念。

看看参议院席位选举（被称为"女神旋风"的 1989 年 7 月参议院选举）的舆论状况，就可以明白"女人 vs 女人""女人之间的'战争'"——慎重起见，容我说明一下，这里的"战争"是《周刊 POST》的用语——这样的标题对媒体来说是最诱人的。如此说来，我被卷入这次事件也不过是一个构建"参议院选举仪式意识形态"的"故事"罢了。这件事至今已经过了 1 个月，我自己也像一枚棋子一般被嵌在了整个棋局之中，因此我觉得也许现在是时候可以讨论一下整个事件的思想意识脉络了。我若是装作遭受迫害仍顽强斗争的小绵羊，大声疾呼"我才不会输给那些千鹤子批判呢"，也许可以赚到一些同情。不过我是一个"社会学家"，"把现实状况变为社会学"的社会学家之魂又开始燃烧了。

虽然我也没闲工夫参与这种低次元的事件，但按照中野翠的方式来说的话就是："虽然急着踏上旅程，但落到自己身上的火星还是得先掸一掸干净！"

独占社会经历一代的特权意识

把"曾野 vs 上野"写成"论战"或者"战争"的是周刊杂志。但"论战"也好"战争"也罢，根本就没有发生。曾野女士写的只是一篇随笔，并没有严重到挑起争论的地步，《周刊POST》的评论中也写明了曾野女士并没有表示要继续追究。像周遭这种程度的批判或骚扰我都已经习惯了，要是连这些都一一应对的话，身体可吃不消。社会上对我的评价似乎是"一点就炸"，所以期待我回应，但吵架也得有个像样的对手，把这种不值得一吵的架当回事儿，未免太愚蠢了。

我当场拒绝写反驳文章的理由如下：

第一，曾野女士的文章发表于《新潮45》杂志上的专栏《黎明时分的油墨香》，专栏上的系列随笔内容一般是身边杂记。选举开始后，系列中提到的主题有"瑞可利问题[1]"、宇野（宗佑）首相的"女性问题"。从《小黑人桑宝》[2]到歌剧，可以说是什么都写。整体的文风就是"顺便提一句"，分析的透彻程度和逻辑推导都极为简易，实在算不上是一个正面挑起争论的文章。文章中也包含了关于女性主义批判的问题，但真要涉及"学园斗争[3]"或"女性主义"评价这种大主题，这寥寥数页还真不够写。既然没有什么主要理由，只是随便说一句"我讨厌女性主义"，那我也只好回一句"啊，是吗"作罢。

---

1 瑞可利（Recruit Co., Ltd.）是日本第一大人力资源集团，此处指 1988 年被揭发的当时日本史上最大的企业贿赂事件。受贿方涉及众多日本前首相、内阁秘书长等高级官僚、政治家。

2 儿童图画书，1899 年发行，作者为英国的海伦·班纳曼，因内容涉及对黑色人种的种族歧视而在日本被禁。

3 指 20 世纪 60 年代末日本各大学出现的学生运动"全共斗"。

第二，曾野女士的逻辑推导十分粗糙，连论据事实都有误。阅读下来给人的感觉是"早就看你不爽，顺便找个碴儿"。具体何处"粗糙"、哪里"有误"，我按顺序罗列一下。

首先，曾野女士抨击我使用了"战争"一词。她引用了我的原文：

> 如果世代不按照年龄而按照社会性事件细分，20年前的那一系列事件（学园斗争）对于我们来说，也许可以算是一次"战争"吧。

曾野女士指出"'学园斗争'无论从何种意义上来说都不能称为'战争'"。据《周刊新潮》的评论，我被曾野女士"斥责"的点是用语"粗率"，把"斗争"写成"战争"。曾野女士认为"战争必须拥有两大要素才能被称为战争，一是时刻伴随生命危险，二是无法以个人意志逃离"。

我希望她再慎重地重新阅读一下我的文章。

我对"战争"一词加了引号，并且使用了"也许可以算是"，在语言上加以保留，很明显我在这里使用的"战争"是一种比喻。使用这种隐喻，是为了表现"对于我们来说""一次"经历的重要性。如果"战争"一词作为比喻都要忌讳，那么街头巷尾到处泛滥的"高考战争""日美贸易战争"就都不能用了。

估计曾野女士对"高考战争""日美贸易战争"等用语也不

满意吧，那为什么不直接说呢？

曾野女士无法原谅对"战争"一词的滥用，因为她身上有一种"战中派"意识，他们是"在少年时代亲身经历过战争"的一代人。跟自己亲身经历过的真正的战争相比，那种小打小闹的过家家式"斗争"怎么能被称为"战争"呢？从这一点来说，我也是能理解他们这一代人的情绪的。

我的文章中有这样一节：

> 比我年纪小、自称"战无派"的友人恬不知耻地当面说着"像你上野之类的战中派啊……"。

曾野女士引用的"20年前的那一系列事件（学园斗争）对于我们来说，也许可以算是一次'战争'吧"，就接在这一节后面。

在文中，把"全共斗经历"类比"战争经历"的是"比我年纪小的友人"，"恬不知耻"是我对他这种意见的批评。我用"也许可以算是一次'战争'"的表达方式，表示可以带引号地、有所保留地接受他的意见。

之所以有保留地接受了他的意见，是因为我认同他话语中对"全共斗世代"动不动就得意地吹嘘"我们那个时候啊……"的"世代特权感"的批判意识。他说："总而言之，你们和那些动不动就'战争中啊……'的'战中派'根本没什么两样嘛。"曾野女士，这也是对你说的啊。[啊，我这种说话方式和小浜逸郎[1]的《由男人来调停美龄论战》(大和书房，1989年)真像——话说回来，这题目可真让人讨厌——算了，暂时用这种口气接着写吧。]

《周刊新潮》的文章中，属于"无共斗世代"的大塚英志[2]毫不掩饰面对"试图把自身经历作为一个'美好的故事'重新上演"的"全共斗世代"时的烦躁，因为在他们眼中，两种"战中派"是平行交叠的。他们烦躁的是试图独占"战争"或"斗争"的"世代特权意识"。而曾野女士毫无保留地展示了她经历过"真正的战争"的"世代特权意识"，也是在试图独占"战争"一词。

曾野女士啊，你太孩子气了。而且，你硬说自己经历过"真正的战争"，可这个言论的基础还没夯实就已经垮了吧。那些真正上过前线的士兵一定会说，"少年时代"经历过的战争能称为"真正的战争"吗？再加上曾野女士是"女人"，连入伍通知单都不可能收到。

根据时期、年龄、性别、地区、状况、立场等条件的差异，战争经历会有显著的不同。曾野女士不会愚蠢到要认真考虑与人较量战争经历的"真正"程度吧。

1　小浜逸郎（1947—　），日本评论家。
2　大塚英志（1958—　），日本评论家、漫画家、小说家。

媒体对"学园斗争"的报道正确吗？

曾野女士的第二个论点是对"学园斗争"的评价。关于这一点，我也提不起精神认真应对。首先，曾野女士在文章中列举的事实有误，完全暴露了她对"学园斗争"的无知。不清楚事实真相的人做的情绪化判断，我才没有兴趣特地拿出来当作话题反驳呢。

关于"事实有误"的部分，出自曾野女士下面的这段话：

> 日本的"学园斗争"时期，学生无一人死亡，警察倒是有数人殉职了。

我读到这句真是目瞪口呆。同时，我不由得同情她运气不好，没有碰到像样的编辑。但凡是个有"常识"的编辑，在文章发表前都会指出执笔者的误会和错误。"学生无一人死亡"，为什么没人给她指出这种单纯的事实错误呢？

20世纪60年代末的学生运动中，出现了好几起死亡事件。1961年第一次羽田斗争中去世的山崎博昭是我京都大学同一届的同学，他的追悼游行是我参加的第一次街头游行。"学园斗争"是"街头斗争"之火的延烧。单说"学园斗争"，死亡的学生也有好几个。有的被水平射出的催泪弹打到面部，毁了半张脸，重伤不治在医院死亡；有的被警棍殴打脑部，受伤死亡；有的被铁管殴打造成失明，随后死亡；还有自杀的、内部暴力斗争死亡的。当时警方发布的内容是"学生无一人死亡"，并强调"警察有数人殉职"。相信警方的话，就跟在"二战"中相信军方大本营公告一样天真。

"学园斗争"的真实情况并没有被准确地报道出来。这是当时媒体把"学园斗争"贬低为"小孩子的叛乱"造成的。但读者只要稍加留意，应该就能在时隐时现于主流媒体报道背后的小众报道或者"当事人主张"中了解到"警方发布"或"大学当局发布"是多么片面了。对于同一"事件"，曾野女士这一代人中对"全共斗"既有支持者也有反对者，这同样也说明真实情况没有被正确传播。

而且，"学园斗争"和"战争经历"一样，每个人的经历同样会因时期、年龄、性别、地区、状况、立场等差异而呈现多样化的结果。评价"学园斗争"这种"历史性事件"是一个巨大的工程，如此沉重的主题不仅无法在曾野女士随笔的篇幅中论述充分，我这篇文章也完全力所不能及。曾野女士的文章所传递的信息，只不过是她反感"20年前的那一系列事件"，并且这种反感20年来也没有发生变化。无论当时还是现在，社会上都有不少人和曾野女士一样讨厌"全共斗"。因此曾野女士的这番议论，我"好像以前在哪里听过"，毫无新意。归根结底，这篇文章还是曾野女士把自己一向反感的事情"顺便提一句"罢了。

在曾野女士的文章中，最令我惊讶的是下面这句：

如此一来，"学园斗争""大学纷争"等于是为了陪少爷小姐消遣，警察却要赌上性命。

我再指出一处曾野女士的"事实有误"，也许说"对事实认识的偏颇之处"更为合适。曾野女士这样写道：

无论当时还是现在，站在反体制立场上要比保守派更容易在一部分人中获得喝彩，是一个出名的好方法。这一点我要在这里说个清楚。上野老师就是个好例子。上野老师一路参加"斗争"，至今也没有被媒体封杀，反而更受青睐，书籍可以自由出版，还获得了世人称羡的大学教授的地位（这里有误，应当是"助理教授"）。上野老师绝不是个例。

"这一点我要在这里说个清楚。"曾野女士对"反体制派"知识分子是有多大仇怨，值得如此干劲十足地说出这番话？像你这样的保守派大人物，何必把小鱼小虾当作眼中钉、肉中刺？请心胸更开阔一些吧。

曾野女士有所保留地说"在一部分人中"，我倒是希望不要客气，直接写"在一部分少数派中"。"站在反体制立场上"也就等于站在"少数派"立场上，"保守派"才是"多数派"吧。曾野女士就是个好例子。曾野女士有机会被邀请去自民党大会上做演讲。连普通大学生都知道"保守派"在社会资源、地位、权力分配等领域中远比"反体制派"有利。我之所以"没有被媒体封杀",是因为现在的媒体也是"演艺界"之一,像我这样"不是个例"的媒体"艺人"(知识分子)到了学术界,无论是职位还是研究费用的分配,在涉及权力结构的世界中几乎无能为力。看看"中泽问题[1]"(东京大学教养学部内部人事纠纷,得到推荐的中泽新一最终被否决)就能明白了。要议论时事就不能仅停留在媒体表层,请冷静地看看客观的权力和资源分配吧。

一个"世代"就可以一言以蔽之吗?

对于"全共斗世代"这种按年代打包、混为一谈的归纳方式,我也想说两句。

我在文中写过"如果世代不按照年龄而按照社会事件进行细分……",更准确地说应该写成"按照对社会事件的行为态度细分"。

按年龄层分类的"团块世代[2]"和根据社会经历分类的"全共斗世代",两者的归类方式完全不同。"团块世代"里既有亲全

---

1 又称"东大驹场骚动",发生于1987年至1988年,即教养学部新聘教员的内部人事对立事件。整个事件的背后主要是当时东大内部教授的保守派与反对派的派系之争,受到了各大媒体的关注。

2 指1947年至1949年日本"二战"后婴儿潮期间出生的人。

共斗派，也有反全共斗派。为了他们的名誉，我要在这里明言：
"团块世代"中甚至有"赌上性命"与全共斗运动决一死战的人。

横山敬子发表过一篇极为独特的论文——《全共斗世代大学毕业女生的生活道路》（《女性学年刊》第 8 期，1987 年 11 月，日本女性学研究会）——文中对包括她自己在内的上智大学 1969 年至 1973 年间毕业的所有 1685 个女生进行了调查（回答者 430 人），将调查对象分为全共斗派、心理全共斗派、反全共斗派、心理反全共斗派、不感兴趣派、立场不明 6 类。全共斗派指的是积极参加全共斗运动的人，心理全共斗派指的是虽然没有积极参加但心理上支持全共斗运动的人，反全共斗派是积极反对的人，不感兴趣派就是字面意思：与正反两边都没有任何关联的人。调查结果，全共斗派 14%，心理全共斗派 6%，反全共斗派 9%，心理反全共斗派 8%，剩下不感兴趣和立场不明的共计63%，所占比例最高。

有趣的是，横山指出不同类别的人，她们之后的人生道路截然不同。全共斗派的大学毕业女生初婚年龄最晚，无论已婚还是未婚，继续参加工作的人数最多，夫妻年龄差异小，夫妻年收入相近或者妻子的收入高于丈夫的情况较多。对于"结婚生子育儿"的契机，其他类别的女性多为"遇到给人生带来转机的事件"，而全共斗派女性中回答"学园斗争"的比例最高。她们中感到"人生并不一帆风顺"的，也明显比其他类型的人多。虽然同属"全共斗世代"，但实际的行为态度却是千差万别。对于一个社会事件的行为态度，简直就是测试社会酸碱度的 pH 试纸。

即便是拥有全共斗经历的人，年龄、性别、地区、学校间的差异也很大。当时在什么学校，是本科生、研究生还是研究室助手，又或是高中生，大学在不在东京，私立还是国立，这些因素都会给全共斗经历带来极大的不同。更进一步说，当时大学生就不能算是多数派。1948 年出生的这一届人的大学升学率仅有14%，女生人数更少。"全共斗经历"仅属于学生这个小团体中与全共斗有关联的极少数人而已。

从人口学的角度来说，"团块世代"和前后的世代没有多大不同，大家差不多都在平均初婚年龄结婚，生下平均生育数量的孩子，结婚生子后大多数人都辞去了工作。在人口学平均值上，唯一和上一代人明显不同的是夫妻之间年龄更相近了，这个变化成为"新式家庭""朋友式夫妇"现象的基础。但是"后团块世代"的夫妻年龄差异再次拉大，回到了"团块世代"之前一代人的统计平均值，从这个数据可以说明"团块世代"的夫妻年龄相近并不是意识形态或者价值观的变化带来的，单纯是因为人口压力，找不到上下年龄层的配偶而已。而且众所周知，所谓"新式家庭"的实际形态仍然是男主外女主内的传统型分工家庭。

从统计学的角度来说，"团块世代"就是这么一个没有特色的世代。我们可以说"有全共斗经历"，但是不能说"有团块世代"。

然而，大塚英志眉毛胡子一把抓，开口闭口就是"团块世代最狡猾""团块世代的共通之处就是都有一种莫名其妙的自信，觉得不管世代怎样变化自己都是社会主流，只要他们说'不'，日本社会就会停止运转"，大塚啊，拜托你不要再编造这种"莫名其妙"的故事啦（此处模仿大塚语气）。他自己也承认"团块世代没有自己特有的思想"，既然如此，他说的"（团块世代）团结统一时的难以对付"就根本不存在，"团块世代"就没有什么"团结统一"可言，说到底不过是普通的日本人。自民党支持率还是第一，支持性别分工的人仍然比反对派多，和其他世代并没有什么不同。不过我想说的是，即使是同一个年龄层的人，对待一个时代性事件的行为态度也是各种各样的。我的专栏《午夜呼号》想要描写的，就是这种多样化的行为态度。

"精英女"与"精英主义者"

曾野女士在她的文章中"顺便"批判了女性主义，那我也就"顺便"反批判一下。

我一直以来都讨厌所谓的女性主义运动。

哦哦，讨厌女性主义运动的女性可不少。然后呢？

真正有实力的女性，一直以来都在默默地工作。即使在"二战"前，也有不少大婶会当海女下海采集珍珠海藻，或是当小贩，又或是电话交换台的接线员，谁也不会看不起她们，没有人会觉得她们的存在可有可无。

这种论点司空见惯了。类似的还有"为什么不把家庭主妇算在'默默工作'的女性中""就连在一家人的生活全倚仗海女的家庭中，传统习惯都是妻子做好家务和育儿，丈夫立足其上"。可是，"有工作"和"有发言权"两者的不一致才是权力论的第一步。战前农户家的媳妇，"没有人会觉得她们的存在可有可无"，但是在家里，论地位她们最软弱无力。"默默工作"却无法获得正确正当的评价，就算发挥了实力，结果也只是一个在背后默默支持的无名英雄。以女性员工数量多著称的NTT[1]，至今为止没有出现过一任女性董事长。在参议院选举上，女性都已经明确表示要走到台前来了，仍然会被强按回去，说"你们只适合幕后"。就算是曾野女士，也总该知道这种"女性歧视"吧。更为重要的是，整个社会结构设置的重重障碍让女性就算想也无从发挥实力——父母不愿意给女儿的教育投资，女儿无法获得培养实力的机会，没有可以发挥实力的场所，等到终于可以发挥实力却迎面一盆冷水，诸如此类（哪一个都是女性的日常经历）正是

"女性歧视"的组织构造造成的。这么初级的知识，连知性、有修养、有丰富人生经历的曾野女士这样的人，还需要我循循善诱、谆谆教导，实在是可怜可叹。

如果说有什么遮住了曾野女士的眼睛，那应该是她的精英主义吧。"真正有实力的女性，一直以来都在默默地工作"，这种说法源于曾野女士觉得她自己有实力并且得以发挥，而她说的这句话，等于断言没有实力的人说到底就是愚蠢的。这种想法不仅是曾野女士，其实在精英女中也有很多。精英女自视甚高，无法将个人问题和群体问题相结合，导致她们掌握了强者的理论，却失去了对弱者的换位思考能力。精英女的精英主义是个难缠的问题，我们应当自省并引以为戒。

女性主义运动是社会弱势群体的运动。对女性来说，若是早已拥有"实力"，根本不需要这样的运动。客观来说，我属于精英女（不管怎么说我也是个大学助理教授），还是能认识到自己属于条件优渥的少数特权阶层之一的。但是"我能行，你们也应该可以做到"，这种话只有女超人综合征患者才说得出来吧。精英女不等于精英主义者。但精英女若失去了对与自己立场不同者的换位思考能力，就会变身为精英主义者。

曾野女士如是说：

性别歧视不会因为运动而消失。如果有实力，在当今世界，歧视只会给自己带来损失，这是一目了然的。文坛就是一个完全没有性别歧视的社会。

唉，"当今世界的歧视"遍地横行。按照曾野女士的说法，没有实力理应受到歧视，但问题在于并非"没有实力"，而是"没有获得实力"的机会。女性在"获得实力"的道路上必须突破重重社会结构型障碍，而消除这些障碍正是"运动"的本来目的……这些道理不一一说出来，你就不明白吗？还说什么"文坛就是一个完全没有性别歧视的社会"，确实没有，因为文坛也是"演艺界"的一种嘛。

曾野女士忘记了，说到底她自己也只能在"演艺界"发挥实力这一事实。她似乎也忘记了，她有意无意地选择了逃离大学或企业等限制重重的竞争世界。女性至今仍然像美国的黑色人种一样，只能在演艺界或体育界和他人公平竞争，因为只有这里是没有条件限制的。她说，"女性议员数量增加这种事情居然闹出这么大的新闻，真是可悲"，是的，日本就是一个这么可悲的国家。

媒体设下的"抨击剧本"陷阱

最后我想分析一下把曾野绫子女士的发言打造成一大"事件"——"曾野绫子现象"——的媒体现状。

曾野绫子此次发言中出现的对女性主义运动的不满或对"学

园斗争"的批判，都是街头巷尾司空见惯的。媒体界想尽一切办法把此种程度的小事打造成一个"事件"，足可见"曾野 vs 上野""保守派著名知识女性 vs 女性主义运动旗手""女性 vs 女性"的决斗图景对媒体来说是多么诱人。

社会上和曾野女士有类似言论的保守派男性知识分子并不少见。但是近几年，男性对女性的抨击会立刻招致反驳，形势似乎颇为不利。同样的言论，与其让男女同框，不如变成女女同框，让女性抨击女性更能吸引眼球。这显然便是媒体在此次事件中打的如意算盘。

在参议院议席选举中，保守派男性的危机感也为此事件推波助澜。"女性的胜利""社会党的大跃进"，似乎对他们造成了极大的打击。保守派男性知识分子对所谓的"大妈一族[1]"发起了愚蠢而疯狂的抨击，选举结束后，他们又在媒体界死灰复燃。然而对于男性的"大妈攻击"，人们已经习以为常，继续与"大妈一族"敌对，只会让自己显得野蛮而浅薄。

为此，媒体界召唤了新的战斗力——保守派知识女性。他们让保守派知识女性发出各种抨击声，诸如"连消费税的结构都搞不清楚就胡乱反对的女性都是蠢货""厨房里产生的想象力暴露了你们的外行本色""不要把'女人'带入政治""用炒作宇野首相的女性问题来衡量一个政治家的能力，根本就是驴唇不对马

---

1 原文为オバタリアン，专指厚颜无耻的中年女性，1989 年获得日本流行语大奖的新创贬义词一奖。

嘴""控诉的女性本身就违反规则",等等。

在"曾野绫子现象"中,媒体启用保守派文人写评论文章进行"上野攻击",其企图显而易见。《周刊新潮》采用了西部迈[1]的评论文章,《周刊POST》让中山爱子[2]担任曾野的后援团团长。石堂淑朗[3]也发表了评论——"女性之敌无他,正是'女人'"——出版社还特意贴心地用了黑体字加粗。

很抱歉,我并不认为女性之敌是女性。女性中也有女性主义者和反女性主义者。女性主义者之敌是反女性主义者,但是,反女性主义者中有男有女。

众所周知,挑起"女性战争"的是媒体的男编辑们,他们挑选写手、编辑报道、选择评论者。《周刊朝日》7月24日号的《编辑部发》(编辑后记)如实讲述了这一过程。编辑与当时和杂志处于"冷战状态"的林真理子达成和解。文中是这样记录整个过程的:

> 说实话,"和平交涉"进展得挺顺利。但是林女士一直不肯答应写"女性选举"。一直熬到参议院选举投票日的最后一天,编辑最后一次去恳求她……然后,她畏缩不前地说

1　西部迈(1939—2018),日本保守派评论家、经济学家,前文"中泽问题"的关键人物之一。

2　中山爱子(1923—2000),日本小说家。

3　石堂淑朗(1932—2011),日本剧作家、评论家。

"要是写女性选举，我一定会再次受到抨击，我是害怕了"。对此，编辑的回答是"您放心。编辑部里有好几位可靠的男性。我们会保护您的"。于是我们得到了《不要把"女人"带入政治》一文。

我们在字里行间可以看到，林真理子在"美龄论战"中吃到苦头后的犹豫。而编辑部的豪言壮语是怎样？什么叫"我们会保护您的"？对于言论的批判，只会以言论的形式返回本人身上，编辑部"可靠的男性"到底要怎样保护呢？

"曾野绫子现象"中，《周刊新潮》和《周刊POST》也明显站在保守派的立场上。标题不写"曾野绫子找碴儿"或"吹毛求疵"，而选择了"（上野）受到曾野绫子斥责""严厉斥责"，这种用词的偏向性显而易见。阅读这种报道的读者，除非特殊情况，一般不会追根溯源去翻看原始信息——也就是曾野女士的《新潮45》连载内容或我在《朝日新闻》上的随笔——然后分析具体情况。明知是这种结果，编辑却选择"斥责"这种偏袒其中一方的用词，足可见其用心。这种不公平的编辑，我会记住你的。

话虽如此，我并不想与《周刊新潮》或《周刊POST》之类的媒体为敌。同样是《周刊新潮》，在同一期还揭发了原内阁秘书长山下（德夫）的"女性问题"，逼迫他辞职。期刊本身是"体制"还是"反体制"，真不好说。

说到底，媒体追求的就是"好卖"，但带着明显的偏向性写下无事生非、言过其实的文章，其"道德品行败坏"是毋庸置疑的。

日渐鲜明的女性"保守与自由"

左翼一热闹，右翼也开始激动，到了这种地步，女性文化人中的保守派与自由派的差异也会日渐凸显吧。女性未必会站在女性一边。现实中，投票民众对参议院选举中保守派女性候选人与新派女性候选人就给出了不同的"裁决"。即便同为女人，没有人会把森山真弓[1]和土井多贺子[2]等同视之。森山是自民党成员，而土井是社会党领袖，她们的政治思想完全不同。自民党的性质不会因为女性当上内阁秘书长而发生变化，社会党当然也不会。若因女性成为政党领袖就必须支持社会党，那自民党也让女性当领袖是否就得支持自民党呢？"铁娘子"撒切尔夫人当上首相后进行保守革命，舍弃了一切包括女性在内的弱势群体，托她的福，英国的女性主义者对女性掌权不再抱有幻想。非但如此，她们还意识到是"权力的宝座"本身让掌权的人日趋腐败，无论

1　森山真弓（1927—2021），日本女官僚、政治家、自由民主党员，日本首任女性内阁秘书长。

2　土井多贺子（1928—2014），日本政治家、法学家、原社会党领袖、众议院议长，日本宪政史上首位女性政党领袖及首位女性国会议长。

男女都是如此。在日本，让这一点变得明朗化的当属"瑞可利事件"。

不过无论如何，女性间差异的明朗化是件好事。今后，我们追究的将不再是"谁说的"，而是"说了什么"。较之在以往的时代中，无论说什么都会被无视为"反正是女人说的"，今后至少人们会认真倾听，并一一斟酌"是什么样的女性说了什么样的内容"。女性主义运动追求的正是这样一个时代。

在媒体日益右倾的状况下，会有越来越多的保守派知识女性受到邀请吧。《读卖新闻》的杂志 *This is* 10 月号上刊登了久经考验的老牌保守派知识女性上坂冬子[1] 和曾野绫子的对话，在她们的长篇对话中，只有只言片语提及"女性主义才是女性歧视"，却被特意挑选出来放大加粗当成标题。《诸君！》[2] 上刊登了松本健一[3]与长谷川三千子的对话《"平成"前途暗淡的预感》，长谷川极力批判参议院选举中"大妈势力"的肤浅，松本被长谷川的话彻底征服，大力支持，附和说"大妈势力"和全共斗时期的"不要不要主义[4]"一样，是反现代主义、反知性主义的——唉。

不过话说回来，保守派知识女性正面临人才匮乏的窘境，有知识、有修养的"子弹"补给不足。原本就身处"演艺界"的女

1　上坂冬子（1930—2009），日本纪实类作家。

2　由文艺春秋出版社在 1970 年至 2009 年间发行的月刊先锋杂志。

3　松本健一（1946—2014），日本评论家、思想家、作家。

4　指无论对任何事情都秉持先加以否定的态度。

性即便说了"我讨厌女性主义运动",也造不成多大的冲击,但同样的话由曾野老师级别的知识女性说出显然有力得多。媒体找上她的理由十分浅显易懂。而后,媒体开始寻找可以取代曾野或上坂的保守派知识女性接班人。可是,目前能找到的只有山口令子,一颗既无智慧又没修养,动不动就口吐"妄言"的"子弹"。令子啊,你现在一时被媒体捧上天,一旦失足就会立刻被媒体遗弃,还是小心为妙哟。

我的这篇文章在《月刊朝日》上刊登后,必然会有一群鬣狗蜂拥而至,给我贴上"朝日御用文人"的标签,挑起媒体之间的战争,我闭着眼睛都能想象得到一系列的惯用手法。一旦公开发表,为这篇文章负责的当然就是我自己,要想引用转载,请不要像《周刊新潮》或《周刊POST》那样断章取义。

女性抨击女性的"女女构图"才刚刚开始。像此次"曾野绫子现象"程度的"事件",就算置之不理也会很快平息,但在不久的将来,一定会有第二弹、第三弹的发声。媒体也好整个社会也罢,连社会党都开始右倾了,我预感到了一个令人厌恶的时代即将降临。

第二章

走向性别平等的地壳运动

——20 世纪 90 年代

女性与男性的历史性时差

1990 年

1990 年是日本第一届妇女解放运动大会的 20 周年，距联合国妇女十年开始 15 年。日本女性是否出现了变化？

是的，而且变化速度之快、规模之大远远超过我的预想。

女性走上了街头。职场上绽放笑容的中年女性、占据卡拉 OK 的"夜行性主妇"、带孩子去电视台的偶像艺人、"撼动大山"的女神力量……10 年前有人能预测到现在这种情况吗？看到柏林墙在眼前倒塌，所有人都会因为出乎预料而惊呼。而现在，男女之间的"柏林墙"也在肉眼不可见的地方静静地从墙基深处开始倒塌了。

一直以来，人们认为"女性与男性之间"有着本能或自然的隔阂，这是超越历史的普遍认识。但是，这种男女关系在我们眼前轻易地发生变化，可见历史有"开始"却未必有"结束"。日本社会发展成"人人都是中产阶级"最多不过 30 年，女孩子憧憬成为"工薪族之妻"大概是半个世纪之前，而女性穿裤装也都还不到 1 个世纪。

历史的变化给女性与男性、孩子与大人带来了不平等，而女性和孩子总能最先感受到这种变化的征兆，因为他们一直处于社会的边缘地带。

男性待在"男人的城堡"中不愿意放弃既得权利，他们察觉不到已经翻卷到自己脚下的浪潮。女性开始改变，是因为被逼无奈不得不改变，她们开始抱怨"受不了啦"。

男性不愿改变，理由也非常简单：他们没有需要改变的理由。对他们来说，只要女性保持沉默，他们就没有理由主动放弃眼下的舒适。但时代已经让男性无法继续悠然自得了，因为女性已经发生了变化。

对于没有变化的男性来说，这种变化不亚于平地一声惊雷。我们想象一下，有一对夫妇，20年前新婚时，妻子对丈夫说："我会一直追随你。"到了婚后第20个年头，妻子开始追求独立，到了30周年的一天早上，妻子突然扔出一份离婚协议书，丈夫会说什么呢？他一定会说："我哪里有问题？我只是没有改变而已，是你变了吧。"

是的，问题就是你没变。直到离婚协议书摆到眼前，你都没有察觉到一直以来妻子在想什么，你的这份迟钝就是问题的根源。

年轻的女孩子不再把这种男性放在眼里。学历再好、收入再高，不会关心照顾他人的男性，就算电脑配对说"YES"，女孩子也不会把他当作结婚对象来考虑。"结婚难"的男性满大街都是，甚至为此出现了"新郎学校"。

女性问题已经进入了第二阶段。第一阶段是女性改变阶段，第二阶段轮到男性改变。去年劳动部发起的"妇女周"活动的标语："女性变化。男性变化。社会变化。"这个顺序真是妙极了，变化就是按照这个顺序发生的。

人类不会因为思想或理念而变化。女性并不是因为受女性运动的影响才改变的，当然也不是因为读了太多《新月》[1]杂志。女性为现实所迫，率先做出改变，男性看到了女性的变化，才勉强开始改变。然后，由女性和男性构成的这个社会才会变化。

在这样一个历史转换期，我想给斗志昂扬的女性加油。同时，看到女性的耀眼光芒后畏畏缩缩开始改变的男性，我也想为你们献上一首助威之歌。

1　创刊于 1977 年的双周刊女性杂志，内容主要为生活时尚等，读者层以 40 岁至 50 岁的女性为主。

女性解放的"文艺复兴"

1994 年

近来，我擅自到处宣扬"女性解放的义艺复兴"这一概念，这是有理由的。

第一，自 1992 年起，女性书店松香堂开始出版发行《资料日本女性解放运动史》全 3 卷。书籍厚度堪比电话黄页本，收录了大量当时的传单和自编小报。3 位编辑沟口明代、佐伯洋子和三木草子每次搬家都大包小包，扛着装满资料的纸箱走。这部《资料》可以说是她们执着的产物。

第二，1993 年劲草书房出版发行了《女性主义集》。由劲草书房编辑推举的 3 位第二代女性主义者加藤秀一[1]、坂本佳鹤惠[2]、濑地山角[3]担任编辑。

第三，容我自卖自夸，由我和井上辉子、江原由美子、天野正子[4]（协助编辑）4 人共同编纂的《日本女性主义》全 7 卷，别

---

1 加藤秀一（1963— ），日本社会学家、明治学院大学社会学部教授。

2 坂本佳鹤惠（1960— ），日本社会学家、御茶水女子大学教授。

3 濑地山角（1963— ），日本社会学家、东京大学综合文化研究科教授。

4 天野正子（1938—2015），日本社会学家、御茶水女子大学名誉教授。

册 1 卷（男性学），在 1994 年由岩波书店出版发行。

最后，由后女性解放一代的影像作家栗原奈名子拍摄的纪录片《寻找文子——女性的自我发现之路》在日本公映。参与拍摄的女性有女性解放运动活动家田中美津女士、杂志《女·性》[1]编委会成员舟本惠美、唱作型歌手麻鸟澄江等。在 10 月 13 日的东京公映仪式上，纪录片"女主角"们纷纷登场，齐聚一堂。

以上 4 项都是各自独立并历经多年的筹备，忽然在同一时期盛放。岩波书店想将这些作品收入文集，作者却说"被收录到文集里就像进了博物馆一样"。确实，女性解放运动诞生于 1970 年，现在上大学的一代都开始说"我都还没出生"了。"女性解放运动"已经成为历史，不过换一种说法，"女性解放运动"已经被人们记住，并让我们觉得应该继承。

在东京的纪录片放映会上，很多年轻女性都表示，"正因为有这样的女性存在，才会有今天的我们"。麻鸟女士在会场上的发言很精准地表达了这种心情：

"在我们这些人的前面，也有平冢雷鸟女士等各种女性前辈在铺路，仿佛她们在我们前进的道路上垫了五六层软垫。如果只有一层，说不定我们就郁闷地把垫子扔掉了呢。哈哈。"

---

1 日本早期女性解放运动综合杂志，1973 年创刊。

女性堕胎的权利受到世界性威胁

1992 年

在日本的参议院选举上，PKO（联合国维和行动）成为争论的焦点——结果也不尽如人意——与此相对，在美国的总统选举上，女性堕胎成为争论的焦点。

1973 年 1 月 22 日，美国最高法院做出了一个历史性的判决，承认堕胎合法化。从那以后，反对堕胎合法化的保守派团体的运动便无休无止。路易斯安那州、犹他州、密苏里州等南部诸州都相继颁布了实质上限制堕胎的法律。1992 年 6 月，最高法院承认宾夕法尼亚州的限制堕胎法，推翻了自身在 1973 年做出的历史性判决。

这一新闻不但给美国的女性带来了冲击，就连在日本的我们也大受打击。女性解放运动和女性主义运动兴起的这 20 年，究竟是为了什么？堕胎是女性斗争获得的权利，为什么到了今天又开始摇摆不定？自 1982 年的《平等权利修正案》运动以失败告终后——失败的结果就是美利坚合众国宪法中没有"男女平等"的条款，就连"被强加的"日本宪法里都有这一条呢——这次最高法院关于堕胎的反转判决，实在是美国女性运动的又一次巨大的失败。

苏珊·法露迪[1]在她的全美畅销书《逆袭》(*Backlash*)中指出，保守派"受够了对女性权利的主张"，带着强烈不满，他们的逆袭已经遍地开花。布什总统反对堕胎自由化，最高法院的法官是清一色的反对派。在去年通过电视对决、震撼全美的托马斯[2]对希尔[3]的"性骚扰"事件[4]中，黑人法官托马斯也是一个强硬的反堕胎派，这也是当时他受到女性抨击的原因之一。

不仅在美国出现了关于堕胎问题的逆袭，德国统一后，如何调整东西两地的堕胎法案的差异成为当时的一个课题。今年6月26日，德国通过了统一的堕胎法。前西德堕胎非法，前东德将怀孕12周内的堕胎视为合法，当时的执政党基督教民主党反对堕胎自由化，但是新的堕胎法案是东西德折中案——在强制心理辅导的条件下怀孕12周内堕胎合法。这一法案对西边的女性来说是前进，而对东边的女性来说则意味着倒退。前东德的女性在这里失去了一个既得权利。

---

1 苏珊·法露迪（Susan Faludi, 1959— ），美国作家、女性主义者、前《华尔街日报》记者，1991年作品《逆袭》获得普利策释义性新闻奖。

2 克拉伦斯·托马斯（Clarence Thomas, 1948— ），1991年起出任美国最高法院大法官，是最高院历史上第二位黑人大法官。

3 希尔（Anita Hills, 1956— ），美国律师、法律学者、教育家、作家，也是托马斯的前任助理。

4 指1991年在参议院对托马斯任命投票前夕，前助理希尔指控托马斯10年前对她"性骚扰"，导致参议院推迟表决，听证会由美国四大电视网整日现场转播，形成了一场政治性风暴。

更为过分的是今年春天发生在爱尔兰的判决——禁止当事人"因强奸导致怀孕"做堕胎手术。这个判决震惊世界。被好友的父亲强奸而怀孕的 14 岁少女，因为爱尔兰国内禁止堕胎，打算去英国做手术。都柏林高级法院对此做出了禁止出国的判决。对于这一判决，国内舆论一分为二，大多数的女性和市民反复游行示威要求堕胎的权利，当事人少女也在控诉"要我生下这个孩子不如自杀"。然而在众人斗争期间，适合堕胎的时间也在不断地流逝。最高法院在紧急审理后，准许少女出国。虽然堕胎成为国民争论的焦点，但对致使少女受孕的男人却没有严惩或断罪的声音，作为天主教国家的爱尔兰在"伦理观"上对男性的纵容可见一斑。

每当堕胎成为政治课题或法律限制的对象时，我都会陷入困惑。为什么？女性的子宫难道不属于女性自己吗？那些讨论堕胎是否合法的人，他们的脑子似乎被女性的子宫属于国家这样一个奇怪的观念支配。凭什么我对自己子宫的使用方法要一一获得国家的认可？况且在干涉后，国家也并没有兴趣育儿或支援被迫生下的孩子。

在上一届美国总统选举时，女性团体曾经发起过一个活动，根据候选人是否支持堕胎来选择支持谁，因为"堕胎"就是女性解放运动的关键，是衡量候选人自由度的尺度。从相反的立场来说，子宫与生育的管理就是父权制的根本所在。明知如此，每当堕胎成为政治争论的焦点时，我们又为什么必须要"夺回""捍卫"本就属于我们自己的权利？这种不快感仍然挥之不去。非但如此，正如在世界范围内爆发的抵制堕胎运动所示，这个权利不断地受到反对派的威胁，而我们也不得不努力"持续捍卫"。

即使在被称为"堕胎天堂"的日本，去年也在没有充分讨论的情况下，把堕胎合法的时间从 23 周以内改成了未满 22 周，而且参与审议的 15 个委员中只有 5 位女性。凭什么女性的身体要由男人来决定？堕胎在《优生保护法》中至今属于非法，只要稍加利用就足以使条件变得更为严苛。在出生率日益低下的今天，很难保证不会再次出现强化限制堕胎的呼声。"堕胎逆袭国际化？"多谢，请回。

企业社会的游戏规则

1993 年

去年的应届毕业生就职战因为经济不景气节节败退，学生们惨淡收场，特别是对女生的攻击更为惨烈。我所在的大学的应届毕业女生也毫不例外地陷入苦战，甚至直到 3 月末的毕业典礼当天，还有哭着来找我说没有找到工作的。

《男女雇佣机会均等法》只是画饼充饥。只要打电话预约面试，企业人事负责人听出是女生就会露骨地说出违反法律的话："今年我们不录用女性。"更为严重的是今年春天的录用内定取消问题。企业试图用慰问金蒙混过关，但按照日本企业雇佣惯例，内定录取按雇佣合同处理，企业若单方面毁约，应当被更加严厉地问责。

据关西 5 所大学的女生联合创建的学生妇女问题研究联络会的调查显示，接受调查的女生在求职过程中因身为女性而受到就职歧视的事例，平均每人遇到过 5 件。有因为"不要女性"连面试机会都没有的，有对女性应聘者加上"女性员工不提供宿舍"条件限制的。调查报告上虽然列出了企业实名，明确企业违反《均等法》，但法律本身只有规定努力的义务，并没有惩罚条例，

《均等法》漏洞百出，形同筛子，连法律制裁都没有。发生纠纷无处可诉是一个大问题。

女性走上综合职位[1]或管理职位的话题一时间颇受追捧，然而这并不是因为《均等法》的实施让经营者突然醒悟，开始重视男女平等，仅仅是因为人手不足加上泡沫经济而造成的"神话故事"。一旦经济落入低谷，在面试录用的时候，"职场上男女平等"之类就消失得无影无踪了。

最近，我跟去年出版了《工作女性的生存指南》（学阳书房，1992年）一书的福泽惠子[2]一起工作。该书的副标题为"职业女性意志消沉时读的书"，作者通过自己的职场经历和与众多职业女性的面谈，总结出职业女性在"这种时刻该怎么办"的实战技术，在书中恳切耐心地进行了指导。

例如这样的场景：女同事因为结婚而辞职时，男性上司惋惜地对你说，"该走的人没走，该留下的人却走了"。

在这种情况下，你不可以勃然大怒或畏缩恐惧。你应该正视着他的脸，微笑着说："真的是呢。"

身为女性，想在企业中有尊严地生存下去就必须要有这种程度的幽默精神。这本书里不仅充满了此类的优质幽默，而且随处可见她敏锐的洞察力。比如当被问起"男女分工明确的公司和男

1　日本雇佣管理制度的一种，录用时分为一般职位和综合职位，后者有望升迁为管理岗位。
2　福泽惠子（1958—　），日本作家、记者，创作重心为"女性与工作"。

女平等劳动的公司，哪个更'一团和气'？"你要回答："前者！"

读了福泽著作的女学生说过这样的感想："工作的女性居然需要这么多鼓励啊。"确实如此。女性虽然走向了职场，但是职业种类和劳动环境未必令人满意。被要求和大叔一样"平等"劳动的综合职位的女性，职场幸存率极低。秋叶富纪子还为此撰写了《她们辞去综合职位的理由》（WAVE 出版，1993 年）。与此同时，一般职位的女性工龄却在逐渐延长。同样有为了让女性能在职场上留任的辛苦之作《更易于女性工作的公司指南》（晶文社出版，1993 年）。另外，还有由福岛瑞穗[1]撰写的让女性不屈服于性骚扰的《击退性骚扰手册》（日本评论社，1990 年）。

"但是，我们真正需要传授给女性的是，当她们作为全职员工、作为成员的一分子加入男性创建的组织时，能够理解组织的原理，以及运营这一组织关键的'经营学'技术吧。"

当我提出这个问题时，福泽立刻说"其实我这里就有"。她拿出一本由她们翻译的贝蒂・勒汉・哈拉根[2]的著作《企业游戏》（ *Games Mother Never Taught You*: *Corporate Gamesmanship for Woman* ）。该书的原名是"妈妈不会教你的游戏"，出版于 1977 年，是全美销量超过 100 万册的畅销书，现在看来也丝毫不觉得老旧。

1　福岛瑞穗（1955—　　），日本政治家、律师，第 3 代、第 6 代社会民主党领袖及同时期的日本参议院议员。

2　贝蒂・勒汉・哈拉根（Betty Lehan Harragan，1921—1998），美国作家、企业顾问。

经济学与经营学看似相同，实则完全不同。经济学是追踪市场动向的理论，而经营学是组织分析。市场虽然日趋现代化，但在市场上做出具体行动的企业，丝毫没有走向现代化的迹象，依然是纵向型军队组织的结构。市场游戏与组织游戏无论是其构成还是规则都不同。加入组织的女性若想作为一个像样的玩家在游戏中存活下去，就必须知道游戏规则。

当然，这并不等于让参与游戏的女性最终成为顺从规则的一分子。无论是为了钻空子还是为了改写游戏规则，首先都必须要了解自己参加的游戏的详细情况。既然女性们已经决定绝不退出游戏，那么就有必要知道游戏的信息。

绵延至今的"军队与性犯罪"

1993 年

"慰安妇"在英语中被翻译为 sexual slaves（性奴隶）。我第一次听说时，仿佛眼前迷雾尽散，醍醐灌顶。慰安妇所处的绝不是"慰安"一词所表现出的安逸简单的状况。女性就像受到监禁的奴隶，持续受到士兵的强奸，日语中居然把这样的女性称为"慰安妇"。能够从这些女性身上获得"慰安"的男人究竟是什么样的呢？

1992 年，我在研究旅行中到访冲绳，有幸与"冲绳女性史研究会"的成员交流。该社团将冲绳多达 121 处的慰安所绘制成了地图。在交流中，我了解到了许多"二战"时期当地错综复杂的情况。例如当时的慰安妇主要是韩国女性和冲绳女性，并且有士兵用和将校用之分；冲绳设置日本士兵用慰安所，理由是当时的冲绳是对比海外殖民地的标准定位的；冲绳当地的民众在受到内地士兵严重歧视的同时，也在歧视韩国人……

冲绳至今仍然有数名幸存的慰安妇，她们因为不同于被强制押送来的韩国女性，当时拿过微薄的报酬，所以很难出来做证。

韩国女性对日本提起慰安妇诉讼，其背景一方面是韩国民族主义的高涨，另一方面是韩国国力逐渐接近日本。在这场诉讼中，我们可以看到韩国妇女敢于揭露一个国家对另一国家的国民犯下罪行的态度。那么，冲绳女性仅仅是因为国籍不同，或者有无微弱报酬的不同，就失去了检举揭发的资格吗？

慰安妇不仅是"国家的犯罪"，也是"男人的性犯罪"。不确立这一视角，韩国女性慰安妇与冲绳女性慰安妇之间就会再次被国籍的鸿沟阻隔。同时，这一视角也可以让人们意识到，慰安妇问题并不是在战后时隔46年"才"提出，而是"正应该在当下"提出。

《思想科学》1992年12月号特辑中刊登了江原由美子的《记忆的政治学》。作者在文中对"为什么时隔46年之久（才提起诉讼）"这一问题做出如下回答："受到性暴力侵害或被强奸的女性通常把受害事实当作自身的耻辱而深感羞愧。造成这种局面的普遍观念和文化本身，就是难以饶恕的性暴力。"时隔46年之久的诉讼是"女性主义认识的确立"。

战后，日本对被剥夺了国籍的旧殖民地民众的战争赔偿问题被反复提及，包括原籍中国台湾的士兵的军人抚恤金和家属养老金等索赔问题。但如果把慰安妇问题也还原为国籍或国家赔偿问题就会迷失方向，看不到"时隔46年"所包含的"当下"的意义。

慰安妇之所以保持沉默，正是因为父权制将受害本身归罪于受害方的责任或耻辱，令其保持沉默。去年，有一位女性提出了性骚扰诉讼，她决心接受媒体的采访报道，并且同意使用真实姓名，因为"我没有做错什么"。她踏出的这勇敢的一步，就是慰安妇立案这漫长的 46 年。

慰安妇不仅是"国家的犯罪"，也是"男人的性犯罪"，这一视角的确立可以跨越国界，开辟出一条连接海外基地妇女的道路。

在联合国维和部队（PKO）进驻的亚洲地区，驻地周边突然出现了许多新的"三陪"酒吧，甚至有酒吧名叫"Bar UNTAC[1]"，实在让人笑不出来。当地报社还报道过 UNTAC 安理会代表明石康[2]支持建立慰安所的"失言"。赤裸裸的暴力强制也好，用金钱引诱也罢，"军队与性犯罪"问题并不是"过去的亡灵"，时至今日仍在持续。

1　指"柬埔寨过渡时期联合国权力机构"（United Nations Transitional Authority in Cambodia）。

2　明石康（1931—　　），日本外交官。

以"进步与开发"为名的暴力

1994 年

"欧洲联合"

国际交流基金会为了举办日欧女性交流活动前来咨询时,我和另一位协调员绵贯礼子[1]的第一反应都是,1994 年的欧洲已经不是我们以往印象中名为"欧洲"实为"西欧"的欧洲了。来访日本的"西欧"男女都不在少数,但正如"西欧"之名所示,我们口中的"欧洲"实质上一直以来都是以德、法、英为主的"西欧"。

欧洲当然不止"西欧",还有"中欧""东欧""南欧""北欧"。在经历了 20 世纪 80 年代的历史性世界震荡之后,"欧洲联合"成为了我们的共识。

1989 年,在经历了柏林墙的倒塌、东欧改革、冷战格局的终结之后,欧洲发生了一系列走向"联合"的变化。"欧洲联盟"被提上议事日程,男人在政治上的攻守进退终于让自上而下的欧洲统一逐步走向现实。从"女性视角"来说,这几年还发生了一件比"欧盟"更为重大、对人们生活的影响更为直接、轻松跨越国境,

---

1　绵贯礼子（1928—2012）,日本环境保护家。

使欧洲实现统一的事件。那就是 1986 年的切尔诺贝利核电站事故。

环境污染不分国界。国界可以阻止人员或者物资的流动，但是无法阻止放射能污染的入侵。"多亏"了切尔诺贝利事故造成的环境污染，欧洲各国才携手联合，这实在是很讽刺。同时，欧洲的女性也在这一时期达到民间携手联合的巅峰状态。切尔诺贝利事故让欧洲的女性跨越了体制的障碍，不仅是欧洲女性，还有日本女性，乃至全世界各地的女性都联合在了一起。在这一过程中出现了"女性、环境、和平"这一新的课题。

由此，我们提出以崭新的"一个欧洲"为前提，更多地邀请以往对日本不熟悉的人。讨论结果是，基金会首先邀请的对象更偏向包括俄国人在内的东欧、中欧人，其次是更积极地邀请学者、研究者以外的民间活动家。

同时，日本作为交流人员的接待方也要制定方针，创建相应的体制。首先，为了力图达到实质性的"交流"，改变了以往单方面的"观察"与"聆听"这一状况，日本方面也要邀请相关的研究人员及民间活动家发言。其次，为了避免东京中心主义，尽量请来访者去往地方。第三，选择更适合"女性、环境、和平"这一主题的地点。商讨结果，我们计划请参与交流活动的一行人用两周时间前往广岛、冲绳与滋贺。

随后，交流活动成功举办。来访的一行人在广岛参观了原子弹爆炸资料馆，与受害者直接会面，还和当地的女性团体进行了交流。在冲绳，一行人走访了第二次世界大战遗址，讨论基地买春及慰安妇等问题。由于日程紧张，很遗憾最终没能去成水俣[1]。不过关于环境问题的另一个焦点——琵琶湖污染问题，一行人到访了滋贺，详细考察了当地官民联手实施的政策措施。

行程的最后3天，一行人在东京举行了演讲与专题研讨会。

4月7日，我们获得御茶水女子大学女性文化研究中心的协助，开展有关玛丽亚·密斯[2]和玛丽·梅勒[3]的生态女性主义的演讲与讨论。会上邀请青木弥生主持，大越爱子[4]担任评论员。同日，在国际文化会馆的协助下与"和平号[5]"联手，邀请本次来日的克罗地亚成员比利亚那·卡西奇做了"战争与女性"的演讲，并请她与致力于研究日本慰安妇问题的福岛瑞穗进行交流，主持与运营请到了"和平号"的辻元清美[6]。

4月8日，我们邀请到玛利亚罗莎·达拉·科斯特（意大利）、玛丽亚·密斯、克劳蒂亚·冯·韦尔霍夫（奥地利）3人上台以"女性无薪酬劳动与世界体系"为主题开展座谈。日本方面邀请了大泽真理[7]、伊藤瑠琉[8]、久场嬉子[9]3人做报告，花崎

---

1 熊本县水俣镇，因1956年的工业废水导致的公害病事件震惊世界。

2 玛丽亚·密斯（Maria Mies，1931—　），德国社会学家、女性主义运动家。

3 玛丽·梅勒（Mary Mellor，1946—　），英国社会学家、女性主义运动家。

4 大越爱子（1946—2021），日本哲学家、女性学家。

5 总部位于日本的全球性非政府组织。

6 辻元清美（1960—　），日本政治家、"和平号"创始人。

7 大泽真理（1953—　），日本经济学家、东京大学名誉教授。

8 伊藤瑠琉（1954—　），日本社会学家、一桥大学名誉教授。

9 久场嬉子，日本社会学家、东京学芸大学名誉教授。

皋平[1]、伊田久美子[2]、柴山惠美子[3]等人担任评论员，由我担任主持人。

4月9日是最后一天，我们邀请所有参加者，在上智大学社会正义研究所的协助下，和"切尔诺贝利女性联络网"共同举办了为期一天的以"女性、环境、和平"为主题的研讨会。上午的主题是"生殖健康与环境"，以绵贯礼子、玛丽亚·古明斯卡[4]（波兰）、玛格丽特·米海连柯[5]（俄罗斯）为主，讲述了切尔诺贝利事故实情与后续情况。评论员邀请了来自保加利亚的基夫卡·达米亚诺瓦[6]和日本的长冲晓子[7]，我担任主持人。下午的基调演讲邀请了韦尔霍夫和中西准子[8]，评论员是落合誓子[9]和来自乌克兰的伊丽娜·伊娃先科[10]，由绵贯礼子主持。众议院议长土井多贺子也赶来致辞。最后一个环节"女性提案——人类与环境应当如此建立关系"，邀请所有人说出自己想说的话，鹤见和子[11]完

---

1 花崎皋平（1931—　），日本作家、哲学家、诗人。

2 伊田久美子，大阪府立大学教授。

3 柴山惠美子（1930—　），日本记者、作家。

4 玛丽亚·古明斯卡（Maria Gumińska），波兰生化学者、医学家。

5 玛格丽特·米海连柯（Margarita Mikhailenko），俄罗斯产科医生、非政府组织"切尔诺贝利全球安全基金"设立者。

6 基夫卡·达米亚诺瓦（Jivka Damianova），保加利亚历史学者。

7 长冲晓子，日本女性学家、生态环境学家、庆应义塾大学副教授。

8 中西准子（1938—　），日本环境工学者、东京大学教授。

9 落合誓子，日本石川县珠洲市议会议员。

10 伊丽娜·伊娃先科（Irina Ivasenko），原切尔诺贝利核能技术人员、市民运动家。

11 鹤见和子（1918—2006），日本社会学者、上智大学名誉教授。

美地主持了这场活动。

"环境"

为何要在今日提出"女性、环境、和平"？因为这3个主题似乎可以包容一切。各地举办的演讲、研讨会等，主题从原子弹爆炸到湖水污染，从强奸营到慰安妇，更有从无薪酬劳动到"可持续性社会"，看似杂乱无章临时起意，但通过这些主题，参加者和企划者双方可以看出围绕这3个主题的高度统一性和一贯性。

我们对"女性与环境"赋予意义，认为包含女性在内的所有人都是环境的一部分，并从这一视角出发将环境分为"体外环境"与"体内环境"。我们通常把人类之外的"体外环境"称为自然，其实"体内环境"也是一个"自然"，而且是在"自然保护"名义下容易被无视的"自然"。

在最后一天的基调演讲中，韦尔霍夫讲述的"作为环境的女性"就包含了这一意义。绵贯礼子的"从水俣到切尔诺贝利"讲述的也是公害造成的对"体内环境"无法修复的破坏，并且此类破坏还会跨越世代，继续威胁下一代纯洁的生命。而从"生殖权利"到"生殖健康"的话题延展，则是基于维持人类生殖环境问题的扩大与深化。

女性对环境的阐述并不是因为女性的"繁殖性",也不是因为女性与男性相比更接近"自然"。将男性归于"文化"、女性归于"自然",把"文化"的烂摊子强推给"自然"来收拾的这一传统的想法,到现在已经没有人会再认可了。玛丽亚·密斯也在演讲中指出"我们必须要认识到男女都是自然的一部分",并且特别强调"男人必须要学到这一教训"。密斯与梅勒在讲述生态学时都没有使用"母性"一词。在阐述生态学方面,女性并没有特权性。男人也有"繁殖性"(我不会使用"使繁殖"这种不负责任的男性支配用语),他们不关心自身和其他生命,等于把维持自己生命的环境本身暴露在危机中,也正是这种对"自然"的暴力导致出现了梅勒所说的"成长与开发的神话"。

"和平"

战争对女性实施着最直接的暴力,当然不仅是对女性。战争是男性有组织的暴力,而暴力的实施因国家而被正当化。国家通过组织暴力并赋予其正当性而被定义为"男性性",同时有组织地将女性排除在外。当然我们并不是要求让女性也参与战争。战争通过暴力行使"男性性"定义的"圣域",区分男与女,是"英雄"与"懦夫"的"男子汉"的终极根据地。为了证明"男性性"具有的攻击性,女性就会被作为非战斗力而遭到屠杀,或成为性侵的对象。彦坂谛[1]在他的《男性神话》（径书房，1991年）中有过这样的证言：侵犯慰安妇的旧日军士兵，不是出于性欲需要，而是需要牺牲者来转移自身受到的压制，统一攻击性。这一事实和大多数强奸犯不是出于性欲而犯案是一致的。

战争对女性实施的暴力，绝不是过去的事情。南斯拉夫联邦内战中出现过的强奸营就是一个令人作呕的例子。在1994年的今天要谈起欧洲，就无法避免南斯拉夫联邦问题，这个"欧洲的导火索"。特别是，南斯拉夫联邦解体是冷战格局终结的直接结果，是各联邦成员唯恐赶不上被视为利益共同体的"一个欧洲"这班列车而实施的行动。从这个角度来说，南斯拉夫联邦问题是"一个欧洲"所背负的不得不处理的棘手问题。

卡西奇是在克罗地亚首都萨格勒布难民救援中心的一个女性团体成员。自战争开始以来，她多次听到多年来的朋友说"我们首先是塞尔维亚人，然后才是女性主义者"。在被父权制割裂的女性阵营中，她们支援的难民中心是极少数不分国籍接收难民的设施之一。在连救援队伍都因国籍和民族被割裂的状况下，她们还在坚持"我们在身为克罗地亚人或塞尔维亚人之前，首先是女性主义者"，在与由男人划下的国境线与民族主义做着绝望的斗争。

出于以下理由，我认为有必要将以上问题与慰安妇、基地买春问题联系起来。第一，伴随战争出现的性犯罪、性暴力绝没有

1　彦坂谛（1933—　），日本评论家、翻译家、社会运动家。

成为过去。特别是慰安妇问题，至今没有对受害者做出任何的官方谢罪或个人补偿。从这一点来说，在我们迎来"二战"终结50周年的今天，慰安妇问题仍是现在进行时。第二，无论是因为强迫还是出于金钱诱导，"买春"都属于性犯罪，是侵犯女性人权的行为，这一事实毋庸置疑。明确这一点之后，就可以跨越慰安妇是外国人还是潜在的日本人这一被割裂的鸿沟。相对于鼓起勇气站出来的韩国、菲律宾等国的受害者，日本慰安妇的沉默本身就是日本巨大父权制所背负的阴暗面。我们希望通过把这个问题与至今仍存在于亚洲各地的基地买春问题联系起来，将女性从战争暴力中拯救出来，避免她们沦为国家与国家间父权制争夺战的工具。但是横在我们面前的巨大问题是，我们应当如何在回收民族主义的过程中拥护女性主义。

"劳动"

看似略为唐突地将"女性无薪酬劳动与世界体系"主题放在上述逻辑中后，就能清晰地看到问题整体结构上的一贯性。以沃勒斯坦[1]为代表的世界体系论者，他们的论述主要以资本为基准，

---

1 伊曼纽尔·沃勒斯坦（Immanuel Wallerstein，1930—2019），美国社会学家、历史学家、经济学家和政治学家，"世界体系理论"的主要代表人物。

将世界体系划分为"核心"与"周边"两个部分。由于缺乏"女性视角",他们无法意识到在他们的世界体系核心正中间包含了名为"主妇"的女性无薪酬劳动这个"周边"部分。达拉·科斯塔、韦尔霍夫和密斯是论述女性无薪酬劳动与资本利润形成之间关系的先驱者。她们指出这一构造正被输出到第三世界,通过把女性从"生存经济"中剥离出来,使女性成为非正式范畴的无薪酬劳动者,从而引发"劳动的主妇化"。据科斯塔等先驱者的分析,劳动的"核心"部分正是被这种"无薪酬劳动"支撑着,这种分析宣告一味以"正式经济"为分析对象的大部分"男性化"经济学的破产。

密斯指出,以全职雇佣劳动者为主的劳动"核心"部分并没有随着资本制的世界性规模扩张而扩大,反而出现了"雇佣的风化"与"空洞化"。"核心"部分的雇佣成为日益减少的资源,为了争夺这一稀有资源,即使在发达国家的劳动者中也出现了严重的失业危机。恩格斯曾指出,随着资本制度的发展,男性与女性都会逐渐成为"雇佣劳动者",但事实并非如恩格斯预测的那样。韦尔霍夫甚至做出了不祥的预言——"劳动的主妇化"将首先在女性中蔓延,迟早会把男性也卷入其中,并不断加剧。20世纪90年代,发达国家无一例外地陷入经济萧条,这就是"雇佣危机"在"核心"部分的正中间不断加剧的证明。

当然,首先受到这种"雇佣危机"冲击的依然是女性。20

世纪 90 年代的经济萧条导致大量女性临时工被解雇，事务部门的女性员工成为雇佣调整的对象，新加入劳动市场的应届女毕业生遭遇到前所未有的就职困难。同时我们也可以清晰地看到，劳动工会在这种状况下并没有提供任何帮助。不仅是日本，发达国家的劳动工会全都只关心保护已经获得工作的正式男性劳动者的既得权利。从这一点来说，这些工会的利害关系和更为保守的经营者是一致的。

这种有组织地将女性排除在劳动市场之外的行为，若不算是对女性的慢性暴力，还能算什么？这难道不是可见的直接的暴力吗？缓慢而致命的暴力？"女性没饭吃"的现实正是和平时期的父权制制造的结构性暴力。失业夺走了女性的生存基础，使女性丧失保持社会身份与尊严的依据，让她们不得不在经济上依附于男性，并因此不得不忍受家庭内部丈夫的暴力，或者把女性逼入"事业或卖春"二者择其一的困境。东欧经济危机进程中产生了大量的失业女性，其结果就是离婚率急剧下降、出生率骤减和家庭内暴力增加。"女性没饭吃"就是又一个东欧女性卖春和日本基地买春问题背后的单纯事实。

仅仅因为是女性就找不到工作，这种社会性不公正就是加诸于女性的暴力。"没有工作"并不意味着"可以不用劳动"，而是意味着女性不得不去做比雇佣劳动更糟糕的无薪酬劳动。密斯等人的论述清晰地揭示了性别观念背后赤裸裸的女性压迫。

父权制的暴力

通过这次的交流活动，我们认识到对女性的暴力和对环境的暴力是紧密相连的。战争与强奸对肉体的直接暴力，自然破坏对"体外环境"与"体内环境"的双重污染带来的对生命的暴力，将女性从"生存经济"中剥离，排除在劳动市场之外的结构性暴力……

这些暴力打着"进步与开发"名义现在仍在持续。在研讨会的最后，我们对"可持续性发展"和"可持续性社会"的差异进行了紧张的讨论。社会的"可持续性"与"发展"并不相容，"可持续性发展"是一个逻辑上的矛盾。这一观点揭示出我们直面的问题，其严重程度令人头晕目眩。

研讨内容发起人之一、特地从石川县珠洲市赶来参会的珠洲市议会议员、反对核电站的活动家落合誓子女士，对已经渗透到地方政治方方面面的权钱政治的真实情况做了详细的报告，同时明言"这是一场与金钱的斗争"。只为眼前利益而抱团的当地权贵对战倾心于自然与生命的女性和男性，乍一看后者完全没有胜算，但他们的斗争告诉人们这个社会上"有金钱买不到的东西"。这是一场长期的价值观斗争。

这次交流活动的关键词是"女性"，参加者也是以女性为中心组成的，但这次活动中提出的都是同时包含女性与男性在内的全球性问题。"女性视角"并不仅仅止步于解决面向女性的问题。

原以为这次研讨会只是女性以"女性与环境"的名义在"面向女性"的领域内"拉家常"的男性，在看到摆在眼前的问题的严重性时，想必都害怕得连连后退了吧。"女性视角"就是由女性提出的有关世界的问题，是必须追究"男性视角"扭曲问题的新世界的参照体系。

新的关系网

最后记录一部分欧洲来访者对这次来日活动的感想。众人虽然对两周 4 地全程无休的日式急行军般的日程非常愕然，但仍然精力充沛地参加各地的交流活动。来自日本各地的参加者都热情地参与讨论，提出的问题质量也都很高。欧洲来访者异口同声地表示："日本的女性是多么活跃积极啊！"她们还惊讶于日本民间活动范围之广、扎根之深，在离开日本前真诚地表示："我们从日本女性身上学到了很多东西。"

这句话中既没有发达国家的傲慢，也不是什么社交辞令，她们不同于众多的来日者，她们身上有着身为民间活动家的谦虚。我多次接待过外国来访者，这是我第一次听到对日本女性如此肯定的评价。我从很多自称"日本通"的外国人口中听过"日本的女性都在哪里""日本有女性主义者吗"之类的话，说实在的，已经有点厌烦了。整天只跟企业高层和政府机关要员接触，当然"见不到"日本的女性，我很想对他们说，"你们只是不愿意去看，或者不愿意付出努力亲自前往该去的场所见该见的人而已"。

对于国际交流基金会来说，这也是一次崭新的体验。通过这次活动，基金会也正试图创建包含非政府组织在内的新领域人群关系网。日本民间的非政府组织活动范围广、扎根深，而支撑这些活动的正是众多的女性。我深知这一点。只要愿意亲自前往，就能见到她们。来自欧洲的交流者见到的正是这样一群"应该要见的人"，通过这次见面，来访者主动推翻了自己对日本女性的刻板印象。

另一个副产物是通过这两周的"集体旅行"，同样来自欧洲各地的女性也建立了前所未有的紧密联系。如果没有这次机会，估计她们一生都不可能有机会见面。通过由"日本钞票"创造的这次机会，她们又增加了一个有关切尔诺贝利与环境、战争与强奸的欧洲女性联络网。在与俄罗斯及东欧圈的女性同行的过程中，欧洲西侧的女性感叹道："我意识到了自己对东欧几乎一无所知。"

"在这次的日本相遇之前，我们都不知道彼此的存在。但只要一开口，就立刻明白我们的想法相同。"这句话充分表现了她们对这次相遇的兴奋。

她们遇到的日本女性想必也有相同的感觉。我不打算把这一副产物定义为"不可预期的"。

"庆典"之后

今年 7 月，我在德国与她们再次相会。7 月 18 日至 23 日，在比勒费尔德大学召开的国际社会学学会上，达拉·科斯塔和玛丽亚·密斯分别组织并参与了讨论。韦尔霍夫和梅勒也前来参加。学会气氛变得犹如"同窗会"一般。达拉·科斯塔准备了有关女性人权问题的报告，也进一步积极地向环境问题靠拢。另外，她还出席了维也纳的国际人权会议，在会上表示了对日本慰安妇问题的关注。

晚宴上，梅勒为我介绍了她新出版的著作，并向我解释德语版书名的含义。

"德语版的书名是'现在不做更待何时?'，副标题是'向着女性主义与绿色社会主义前进'。对于这个问题，没有必要去说服女性主义者，对搞绿化的人也不需要。最需要说服的是社会主义者。"

"现在不做更待何时?"在世界体系陷入不可修复的危机之前，我们还有时间说服男性吗?

北京妇女大会报告

1995 年

不畏艰难奋勇斗争的 NGO

从北京市到世界妇女大会 NGO（非政府组织）论坛会场所在的怀柔县有 50 公里，巴士 1 小时的车程。偌大的会场从一头到另一头至少要步行 30 分钟，NGO 活动家为了发表各自的主张带来了大量的资料与器材，因此不得不捧着巨大的行李在场内东奔西走。

我对大会的整体印象用一个词来说就是"混乱"，但只要当事者能够传递充分的热忱，与会者与主办方之间就能产生 NGO 活动独有的合作互补的氛围。

会期恰好遭遇恶劣天气。会场内的地面一下雨就变得泥泞不堪，完全没有应对雨天的防御措施。临时搭建的帐篷不遮风不挡雨，根本没法用。

即使在如此恶劣的条件下，各国 NGO 还是进行了顽强的斗争。始于 1975 年墨西哥大会的 NGO 活动积累的经验也在这里开花结果了。NGO 真正成为一股不可忽视的力量。会场上的人们和睦友好，全身心地接受所有来参加的人，到处都能发现彼此惊人一致的"女性问题"，分享经验与情感，相约建立日后的联络网，最后依依惜别。女性 NGO 的力量在会场上发挥着巨大的作用。

日本政府代表团团长野坂浩贤[1]（顺便一说，在大约 190 个国家代表团中，仅有 4 个国家是由男性担任团长一职的，日本是其中之一）在代表发言中使用了"女性赋能"这个不常听到的外来语，这个单词原本是 NGO 用语，意思是"女性拥有自己的力量，得到力量"。看来政府也多多少少受到了 NGO 的影响。

日军慰安妇问题成为焦点之一

面积 30 万平方米、拥有 20 栋建筑的场地中设置了 73 个会场，搭建了 86 顶临时帐篷，同时有 100 个以上的专题研讨会和学术讨论会在进行。另外还设有大会议厅，用于举行全体会议。露天场地上也常有自发的集会、表演，甚至游行和抗议示威。大会持续了短短 10 天，总共举办了多达 5000 个以上的活动，要掌握这个会议的全貌非常困难。

在女性人权受压迫问题中，这次大会的焦点是对女性的暴力问题。除了性骚扰、家庭内暴力，特别是对战争中的性暴力，南

1　野坂浩贤（1924—2004），日本政治家、前内阁秘书长。

斯拉夫联盟共和国的女性和伊斯兰的女性以旺盛的精力开展了一系列专题研讨会。

与亚洲有关的慰安妇问题，对日本来说是不可能回避，也是大会的焦点之一。我自身也参与了这个议题，在这里向大家进行详细汇报。

在这次大会上，围绕日军慰安妇问题开展了一系列专题研讨会，其中8个由日本人主办，韩国、菲律宾和美籍亚裔的女性也主办了8个。每个研讨会都是有不同国籍与会者参加的国际性会议。

大会后半程，在由我们亚洲女性会议联络网主办的研讨会上，70人的会场里挤了200多人，热情洋溢的气氛充分体现了通过大会积累起来的国际上对NGO的高度关注。有很多海外的与会者是来到北京大会上才知道这个问题的，日本与会者的关注度也很高。

亚洲女性会议联络网面向北京大会，就向日本政府提出的正式谢罪与对受害者的个人赔偿要求，发起了反对"民间基金¹"的署名活动。在会场内外共收集了2252份署名，并亲手交给了日本政府代表。

1　1995年7月由当时的日本首相村山富市倡议成立，日语正式名称为"为女性设立的亚洲和平国民基金"，中文通常翻译为"亚洲妇女基金会"，通过民间募款和政府资助的形式，向在第二次世界大战中日军占领地区的慰安妇支付赔偿金。因遭到各国的抵制，基金会于2002年5月停止运作。

每个会场上谴责的目标都是完全不打算正式谢罪并对受害者个人进行赔偿的日本政府。会场上的日本与会者都自觉面上无光。

前文中提到的"民间基金"是日本政府以"为了亚洲妇女的和平"为名创立的"亚洲妇女基金会",俗称"民间基金"。有受害者证言称,该基金是政府逃避责任和欺瞒的手段,成了会议批判的对象。

海外的与会者把这个基金叫作"村山基金",名为"民间",实则由政府领导人掌控。政府把"民间"当作遮羞布,真是再明白不过了。政府之所以急于启动该基金,应当是知道该问题会在北京大会上成为焦点,因此觉得不多少备点"伴手礼"说不过去吧。

9月4日全天,在能够容纳1000人的会场里召开了"关于武力纷争中针对妇女的性暴力问题的国际学术研讨会"。一个前来参加的政府人士面对记者团,评价这次大会"是有相同想法的人齐聚一堂的大会",然而令人百思不得其解的是,以"民间"名义发起的基金会召集人及相关人士的声音,在NGO会场上一点都没有听到。

NGO是市民的集会,在这里赞成或反对的意见都可以出现。会场上甚至有伊斯兰女性打出"反对婚外恋,反对同性恋"横幅在游行。

关于日军慰安妇问题,当然也可以有这样的声音,认为"'民间基金'是日本人的良心,是我们与政府共同合作发起的"。

若是没有赶上研讨会课题报名登记，作为一个参会人出席发言也可以，在会场上散发传单也行，NGO 进行自我主张宣传的手段应有尽有。

整个会场里听不见一声支持"民间基金"的"市民之声"，包括当事人在内都一言不发，这一事实正是名为"民间"实为政府的最好证明。

在这次大会上，日本 NGO 奋勇斗争的姿态受到了海外与会者的好评。报名参加大会的 3 万人中，日本与会者有 6000 人。以往，日本与会者往往人数多，但给人的印象淡薄，这是第一次在国际舞台上因为参与的积极性和表演等活动受到关注。

1975 年以来日本 NGO 长期积累的经验终于发挥了作用。虽说其中也有预定参会 1 周，结果 2 天后就去观光的；或碍于日程束缚，自始至终只参加仅有日本人参与的团体活动的。

闭幕式前一天，日本政府另借会场召开了面向各国 NGO 的说明会，会上驻联合国常任代表小和田恒 [1] 强调了"GO 与 NGO（政府与民间）的对话"。但是，非政府会议与政府会议的日程差异如此之大，两个会场距离如此之远，NGO 会场上不见一个政府相关人士，政府间会议上 NGO 观察员与会者受到严格的参会限制……如此恶劣的条件只能让人感到在妨碍"对话"。在这种

1　小和田恒（1932—　），日本外交官、国际法学者，历任驻联合国常任代表、国际法院法官。日本皇后雅子之父。

条件下，究竟能实现怎样的"对话"呢？

　　会议上，日本男性对日菲混血儿的不负责任[1]、日本对压迫人权的国家进行政府开发援助、日本政府对待慰安妇问题的不负责任等都成为谴责的焦点，小和田恒代表自始至终只是在重复政府答辩的那一套。会场上各国 NGO 与会者的视线都严肃关注着日本政府的一言一行。

---

[1]　主要指 20 世纪 80 年代日本男性与来日务工的菲律宾女性之间的孩子，大多数日菲混血儿家庭都是母子家庭或与母亲的家人生活在一起，因没有得到父亲认可，孩子没有日本国籍，失去社会身份，生活陷入困窘状态，也有母亲再婚，孩子被双方都抛弃的现象。

大学校园性歧视情况

1997 年

1989 年，"性骚扰"一词获得日本流行语大赏。今年，本应是代表理性与良知的大学学府内出现了性别歧视问题，"学术骚扰"也开始受到关注。在这里，我们将"学术骚扰"定义为研究者职位中固有的性别歧视。

今年 3 月，在京都大学女性教官恳谈会代表小野和子[1]女士控诉原京都大学教授性骚扰事件后被反诉损害名誉的审判中，小野方获得了全面胜诉（败诉方目前正在上诉）。在判决书中，对于性骚扰的定义如下：

> 性骚扰，指违背对方意愿做出带性暗示的言行，以对方的反应为依据，给对方的工作造成不利，或因该行为的反复出现造成工作环境显著恶化的行为。

性骚扰被认定为工伤的一种，并明确指出防范性骚扰对策的

1　小野和子（1932—　），日本东洋史学者，专攻中国近代史、中国近代女性史。

责任在雇佣方。事实上该事件之后，京都大学就开设了咨询窗口，采取防范对策。

性骚扰是学术骚扰的一部分，而非全部。学术骚扰指的是女性研究员所经历的性别歧视。

受到京都大学女性教官恳谈会活动的刺激，虽然略迟一步，东京大学也在1994年成立了东京大学女性教官恳谈会（后改名为女性研究者恳谈会），并开展了"东京大学女性教官受到的性别歧视"调查活动。在之后的调查报告兼专题研讨会上，一位参加者说："在本应光明正大的大学中居然存在这样的性别歧视，真是令人大为震惊。"《大学校园性别歧视现状》（三省堂，1997年）一书就是在各地的女性研究者最近数年来致力于这个问题的研究后诞生的。

学术骚扰，即大学性别歧视的内容如下：

其一，可以说是所有工作女性都会面临的烦恼——如何兼顾家庭和姓名使用问题。女性研究者通常是用自己的名字发表研究的，因此婚后改姓会造成很大麻烦，比如使用学术信息资料库搜索等都会出现问题。夫妻不同姓是女性研究者最迫切的要求。

其二，是研究者中固有的性别歧视，如指导或研究上的差别对待、研究项目拒绝女性成员、研究经费分配不均等。还有女性研究员的构思与想法被盗用或研究成果被独占。筑波大学的女性研究者在发表与男性研究者的共同论文时，该女性研究者第一作者的署名顺序被调整的事件就是典型例子。诸如此类的利益损害在助手、技术员等地位较低的研究人员中，不分男女都很容易出现，但低等级职位的女性遭受的损害更为集中，这是显而易见的。虽然有教授公然表示"女性请不要来我的研究室"，但更多的大学人事部门采用的是密室型招聘，很难证明实际上是否存在女性歧视。但是，从本科生、研究生到助手、讲师、副教授、教授，随着地位的上升，女性比例肉眼可见地减少，女性歧视的存在可以从这一"流行病学"原理中得到证明。外聘讲师也是女性较多。

其三，当然是性骚扰，而且研究上的歧视与性骚扰往往紧密结合在一起。非但如此，对于学术骚扰难以问题化的现象，大学其实存在结构性障碍。

首先是院系自治名义下的互不干涉，以及监管部门的缺失。其次是研究职位的专业细分化与"学界"的狭隘。一旦受到"研究上的报复"（academic retaliation），受害者不但会失去眼前的工作，甚至有可能失去作为研究者的学术前途。再次是在本应"公正"至上的研究场所中，"不可存在"的性别歧视问题本身就受到大学的压制，导致了民营企业内不可能发生的、毫无防备毫无警戒的歧视性言行在大学内横行霸道。

随着女性研究者的增加，大学也成为常见的女性职场之一。她们正在逐渐改变研究内容的价值判断基准。将学术骚扰视作问题诉诸公众，也就等于正视知识再生产制度本身的性别歧视问题。

大学校园性骚扰

2000 年

最高学府与性骚扰，直到最近我都认为没有比这更不稳定的结合体了。然而不知怎么了，近年来大学内性骚扰横行已经成为不可否认的事实，甚至出现了大学独有的性骚扰特性。这是值得欢迎的变化吗？不管怎么说，与其否认现实，成天想着家丑不可外扬，不如直面不愿承认的现实，迈出解决问题的第一步。本文将就大学校园性骚扰问题的实情、背景、阻碍问题解决的大学结构性因素进行论述。

"经历再定义"

"性骚扰"一词在日本普及是因为由《现代用语基础知识》主办的 1989 年度"流行语大赏"将奖项颁给了该词。性骚扰的英语原文为"sexual harassment"。在 20 世纪 80 年代，它曾被一部分女性主义者翻译为"令人生厌的性言行"，并渐渐开始流通。讽刺的是，最终成为流行语的"性骚扰"这一翻译，还是反女性主义的父权制媒体为了嘲弄"性骚扰"问题化而想出来的点子。

当时男性周刊杂志的标题上经常使用诸如"那么可以允许到什么程度？性骚扰狂想曲""你真漂亮！也不能说？关系僵化的职场"之类充满揶揄的文字，用最大号的字体吸引眼球。即使不是这类杂志的读者，也会通过新闻上的杂志广告或公交车辆里张贴的广告而熟悉"性骚扰"这个词。

江原由美子在她的《嘲弄的政治学》(《女性解放思想》，劲草书房，1985 年收录）一文中指出，充满恶意的权力借"嘲弄"力图使对方的信息无效化。然而对于"性骚扰"的媒体策略，反而让原本不知道该词的人们，特别是女性了解了这一现象，给了女性进行"经历再定义"的力量，成为江原一文的反论。"女性解放""女性主义"被媒体的嘲弄污染为"脏话"，与此相对，"性骚扰"一词产生了与父权制媒体原先的意图完全相反的效果。

"经历再定义"是指，由于新类别的出现使自身可以对以往的经历赋予另一种含义。"经历再定义"可以使人们追溯既往经历，将之重新定义。很多女性在得到"性骚扰"一词后，能够重新定义以往自己遭受的不愉快经历——"那应该算是性骚扰吧"。重新定义是操作流程的第一步，无论是积极的还是消极的。"性骚扰"一词的流行，可算作挺身面对这一经历并制定"对策"的开始。而"对策"的显著效果，就是从 1989 年开始，日本性骚扰诉讼案件的数量呈明显的上升趋势。当然，最终提起诉讼的案件只是性骚扰对策的冰山一角，水面之下还有数量庞大的未能诉讼检举揭发的事实。毋庸置疑，进入 20 世纪 90 年代之后，性骚扰问题正在不断地浮出水面。

"性骚扰是小事吗？"——矢野事件的始末

毫无例外，大学性骚扰也是从诉讼开始成为公众关注的问题。最有名的莫过于京都大学的矢野事件了。该事件的始末与后面论述的东北大学事件相对照，从各种意义上来说都可以显现出大学这一场所的特异性，可谓是一个经典案例。容我对该事件的始末及其教训稍作介绍，以供参考。

1992 年，甲野乙子（化名）向京都律师协会提交了侵犯人权救济申诉书，控诉时任京都大学东南亚研究中心教授的矢野畅对其实施了长期的性骚扰。此事被媒体曝光后便朝着不可预料的方向发展。由于甲野乙子之后没有亲自提起诉讼，所以矢野一次也没有站到被告席上。相反，矢野作为原告提起了 3 次名誉损害诉讼。由于媒体的报道，事态到了无法遮掩的地步，矢野在同事的示意下提出辞职。京都大学女性教官恳谈会代表小野和子收到甲野乙子的申诉后，在当地报刊《京都新闻》上发表文章，实名报道了矢野事件，并对其追责。矢野对此向小野和子提出名誉损害诉讼。随后又以自己的辞职信是被迫写的为由，提出辞职信无效，向文部大臣[1]提出"确认京都大学教授地位"的行政诉讼。随后矢野的妻子作为原告，向甲野乙子提出名誉损害赔偿。在矢野和小野的审判过程中，小野文章中所述事实的真伪性成为争论焦点，最终甲野乙子出庭做证，对矢野性骚扰做出了事实认定。如果小野所写的内容是凭空捏造的，那么名誉损害罪名成立，既然不是事实自然无罪。矢野提起的诉讼却在审理过程中证明了自己的罪行，招致了出人意料的结局。辞职信无效的诉讼被驳回，以矢野妻子名义提起的诉讼也在之后被驳回。

1992 年，矢野客死维也纳的医院。各大报纸在报道矢野的业绩与地位时，也报道了他因性骚扰事件辞职一事。如果没有这个"污点"，矢野的经历介绍应当是东南亚研究界的泰斗、诺贝尔奖主办单位之一的瑞典皇家科学院唯一日本会员（当时）、古典音乐爱好者等德高望重的内容吧。

事实上，在京都大学相关人士中不乏"为了性骚扰这种小事毁了一个宝贵的人才，实在可惜"这种为矢野辩护之声。小野最为反感并强烈抗议的就是这句"性骚扰这种小事"。"性骚扰是小事吗？"就是小野被起诉的那篇报道的标题。如果社会能够正确理解性骚扰是伴随滥用职权的侵犯人权的行为，那么不言自明，如此严重的侵犯人权的行为绝对无法用业绩来免罪。

时至今日，矢野原先工作的东南亚研究中心和京都大学除

---

1 相当于中国的教育部部长。

了受理矢野的辞职信之外，没有对他进行任何处分或惩罚。作为决策机构的教授会在这个问题上至今仍保持回避的态度。矢野自愿辞职照准，不仅领取了正式的退职金，在个人经历上也没有留下任何法律上的污点。非但如此，对甲野乙子提出的侵犯人权救济申诉，教授会还对东南亚研究中心的应对方式表示了不满。早在1992年春研究室秘书接连辞职时，矢野长期的性骚扰一事就已经被揭发了，对此教授会认为矢野主动放弃当时担任的研究中心所长职位就可以。事态再次扩大，变得不容无视之后，教授会成立了调查委员会，在听取当事人陈述之后，确信"无限接近事实"时采取了劝说矢野主动辞职的"温情措施"。问题的解决被降到个人层面上，组织机构方仍然回避做出决定。

对众多大学相关人士来说，矢野事件都是一个苦涩的教训。一旦性骚扰被揭发，研究经历和社会地位都会被断送。"不过是性骚扰这种小事"，这种说法是过不了关的。

大学校园性骚扰问题化的背景

1992年完全胜诉的福冈审判[1]，让日本性骚扰诉讼一举成名。

---

1 指福冈Q企划出版社事件，日本第一例性骚扰诉讼。原告为该出版社32岁女编辑，因反复受到37岁男主编的语言侮辱，被迫辞职后提起名誉损害诉讼。此举激起全国舆论，获得众多女性支持，20位女律师为原告做代理人，最终获得完全胜诉。

在这次审判中，性骚扰被定义为"违背当事人意愿并对劳动环境产生威胁的带性暗示的言语或行为"。福冈审判在以下两点上具有重要意义：第一，即使没有直接的身体接触或侵害，仅语言上的侮辱同样被认定为"环境型性骚扰"。在福冈审判中，被告四处散播有关原告不实的淫秽谣言。第二，从"明显导致受害人难以继续工作"的角度，就性骚扰是"工伤"一事达成协议。这为日后性骚扰不仅作为个人问题问责，还可以对维持劳动环境的雇佣方追责做好了铺垫。

作为"工伤"的性骚扰在大学这一教育场所成为被关注的问题，其背后有多个与之密切相关的条件。

第一，正如前文所述，是以矢野事件为代表的事件、诉讼及报道。鸣门教育大学事件、琉球大学事件、秋田县立农业短期大学事件、最近的东北大学事件等，不胜枚举。性骚扰诉讼案名单上一连串的大学名字，已经让人们无法再说出"'最高学府''理性之府'不可能发生这种事情"这样的话了。

第二，大学乃至初高中在内的教育机构"去圣域化"现象。性骚扰问题之所以在大学内很难问题化，原因在于大学有着不可以出现这种问题的"面子"。教师是"圣域里的神职人员"，当然不可以有性骚扰，也不可能有性骚扰问题，根本不会有性骚扰的欲望。这种不合情理、不合逻辑的三段论证法横行于世。1995年6月，东京大学女性研究者恳谈会与东京大学教职员工会妇女部联合举办了名为"大学校园性别歧视思考"的专题研讨会。参会者发表了这样的感想：

"我本以为大学是更为光明正大的地方，幻想破灭了。"

对教育场所的圣域幻想破灭后，校园性骚扰问题才有可能得到正视。JASE（日本性教育协会）定期举办的"青少年性行为调查"在1993年第4次调查中，第1次加入了有关校园性骚扰的调查项目。该项调查结果显示，有41%的初中女生经历过性骚扰，高中有62%，大学高达69%（加藤秀一"初高中女生性骚扰现状"，《现代性教育研究月报》第144期，1995年）。性骚扰加害者除了同班同学或单位的同事，也包含教师在内。有人会说"教师也是人"，但实际情况是教师滥用这·专制的地位与权力接近无法抵抗的孩了实施性人权侵犯。

第三，大学的"去男性化"。由于大学女性教员的急速增加，最高学府也成为众多女性职场之一。与此同时，和所有用人单位一样，伴随女性劳动者的雇用，在招聘、录取、职务分配、升职等方面的性别歧视现象日益成为问题。大学的女性教员和在普通男性职场上工作的女性劳动者也没有什么区别。婚后改姓带来的通称问题、研究与育儿难以兼顾的问题向来有之。在这里想确认的一点是，性骚扰是在广义的性别歧视基础上产生的狭义的"性"人权侵犯行为。因此，单独把性骚扰从不包含"性"要素的一般性别歧视中区别开来，既不现实也不恰当，况且性别歧视往往与上述"性"歧视紧密相连。

第四，从以上经历可以明白，校园中存在其他职场不具备的、研究职务固有的性别歧视和学术骚扰。具体例子有筑波大学第一作者署名排序更换事件、长崎西博尔德大学助手被强制劝退事件等。在理科领域中，多人共同完成的论著在联合署名时，谁作为第一作者署名不是随意的，论文内容会被算作第一作者的业绩。筑波大学事件中，在作者不知情的情况下，向学会期刊投稿的论文被擅自改变了第一作者和第二作者的顺序，事后又发现学校按照论文实际发表的业绩进行了人事安排。这是盗用论文。受害人大久保由纪子提起诉讼，在判定为事实后获得了胜诉，然而时至今日，筑波大学非但没有采取任何应对措施，就连之前的人事安排都没有撤回。助手被强制劝退一事在地位较低的研究职位中历来就有。虽说职位较低的研究员男女都有，但实际上女性更难有上升空间，而且男性还有转行的可能，女性连这条路也走不通，结果就更倾向于把女性研究员长期固定在较低的职位上。于是，理论上不分性别的学术骚扰，在现实中出现了性别差异。

最后，《男女雇佣机会均等法修正案》的实施带来的影响。《男女雇佣机会均等法》于1997年提出修正案，1999年4月实施。修正案中首次加上了对性骚扰采取防范措施和解决对策是"企事业主责任"的条例。因此，对待性骚扰已不能以"职场同事之间的个人问题"为借口免责，换言之，性骚扰的受害人不仅可以起诉加害者，也可以起诉没有对劳动环境恶化采取防范措施的企事业单位。近来企事业单位积极制定性骚扰防范对策和培训就是修正案的直接效果。大学也不例外。大学与女性教员签有雇佣合同，因此作为一个有女性劳动者的单位，同样无法逃脱"企事业主责任"。

校园性骚扰实情

基于上文所述的思想认识，各种有关大学性骚扰的实情调查相继实施，迅速积累了大量数据。

其中规模最大的是京都大学女性教官恳谈会的"女性教员、女毕业生眼中的京都大学——教育、研究环境调查"（1996 年 3 月）。虽说以往也有过对女性研究者的生活方式调查和对女学生的性别歧视经历调查，但是在这些调查中出现"性侵害"条目，都是在性骚扰问题受到关注之后。此次调查对象有女性教员 180 人，女毕业生 2000 人，回收的答卷数量分别为 89 人和 589 人。把毕业生作为调查对象是此次调查的一大特征。调查结果显示，46% 的女性教员在求职等过程中经历过性别歧视，在这些人中又有 25% 受到"性侵害"，女毕业生中有 47% 的人在校期间受到包括强奸在内的"性侵害"。"性侵害"对被害人之后的人生造成了"放弃继续研究、学习""甚至考虑过自杀"等严重影响。当然，此次调查因矢野事件才得以实现，并且京都大学女性教官恳谈会为此次调查获得了 120 万日元的教育研究学内特别经费，可算是较为理想的调查形式了。

东北大学也在性骚扰事件之后开展了学生调查。"东北大学性骚扰实情——第二次学生生活现状调查"（1997年）数据显示，本科、研究生院女生受到性骚扰的比例分别为20.5%（回答者185人中38人）和32.3%（回答者62人中20人），男生中也有2.6%的本科生（回答者507人中13人）和4.4%的研究生（回答者272人中12人）受到过性骚扰。

东京都立大学于1998年进行了以全体男女教工及研究生院男女学生为对象的调查（朝仓睦子[1]"大学性骚扰与性歧视实情调查"，1998年）。调查显示，女性经历性骚扰的比例为46%。该调查还明确了男女对性骚扰问题认识上的差异。

渡边和子[2]的女性学教育网在1995年进行的独立调查显示，经历过"令人生厌的性言行"的本科生占13.5%（回答者1108人中150人），研究生占34.2%（回答者79人中27人）(《校园性骚扰》，三省堂，1997年）。

这里再添加一份1998年3月由人事院实施的国家公务员性骚扰调查结果以供参考。该调查是为了次年《男女雇佣机会均等法修正案》正式实施而紧急开展的，调查对象不含国立大学教员。调查结果显示，女性公务员中经历过性骚扰的比例为17%。令人惊讶的是，劳动省研究会对民营企业女性员工的调

1　朝仓睦子（1948—　），日本法学者。

2　渡边和子（1944—2000），日本女性研究者、"全国校园性骚扰联络网"创始人。

查数据结果为 11%，而通常被认为男女待遇更平等、更有利于女性持续工作的公务员比例反而更高。这个结果到底意味着什么？也许可以说，劳动省调查中被调查的企业上报数据低于实际情况，因此调查结果可信度低。但不管数据如何，至少这些数据明确显示了性骚扰无论何时，在任何企事业单位都有可能发生，性骚扰受害者也绝非个例，她们有可能存在于我们每个人的周围。

从各类调查的结果来看，大学校园中的性骚扰受害比例要高于公务员或民营企业中。大学非但不是"圣域"，甚至可以说是对性侵害毫无防备的特殊环境。后文"大学组织结构上的性骚扰特质"中将对此观点进行详细论述。

东京大学实情调查

我所属的东京大学女性研究者恳谈会也开展了以会员为对象的"东京大学女性教官所经历的性别歧视"调查。该调查采取自由书写的形式，本会会员共 40 人，仅有 14 人提交了答卷。虽然数量极少，但仍可以从中看到不少实际情况。该调查的结果分析汇总后，以"校园性别歧视思考报告"之名发表。

为纪念该报告的出版，东京大学女性研究者恳谈会与东京大学职员工会妇女部在 1995 年 6 月联合举办了"校园性别歧视思考"（1995）专题研讨会。上野千鹤子根据当时的报告，编纂出版了《校园性别歧视情况——停止学术骚扰》（三省堂，1997年）。

在这里简明扼要地介绍一下调查结果。

第一，此次调查让研究岗位上固有的性别歧视——学术骚扰问题浮出水面，包括无法加入研究小组也就无法获得出差参加学会的机会、与业绩相比的职位晋升男女差异等。

第二，问题倾向于集中出现在女研究生、助手、技术员等地位较低的研究者身上。东京大学女性研究者恳谈会创立之初，为了声援京都大学女性教官恳谈会，使用了相同的名称——"女性教官恳谈会"。经过此次调查发现，在不属于"教官"的技术员和作为研究者预备队的研究生中，问题也相当严重。为了召集教官岗位以外的人，"东京大学女性教官恳谈会"紧急决定把名称改为"东京大学女性研究者恳谈会"。

第三，调查结果显示，在女性研究者中，理科比文科受到的性别歧视更严重。理科研究男性占绝大多数；理科研究通常伴随实验，不得不进行长时间的劳动；大规模的调查研究通常必须加入研究小组，否则很难做出成绩。上述种种都导致了这一结果。相比之下，文科研究可以单打独斗，对女性研究者来说更有可能存活下去。

第四，研究教育上的性别歧视通常与性骚扰密不可分。有必要把"性歧视"放到"性别歧视"的大背景中进行讨论。

第五，大学在制度与组织结构上存在容易引发问题的缺陷。换言之，在普通民营企业内无法想象的简单粗暴的言行、露骨的性别歧视在大学内横行。事态已经从"尽管是大学仍然有"发展到了"正因为是大学才有"的地步。关于这一点，我将会在下一节详细论述。

防范性骚扰必须从认清现实开始，因此实情调查十分重要。东京大学女性研究者恳谈会基于上述试点的调查结果，向大学当局提出进一步实施更为正式的实情调查的要求。从试点调查的极少数答卷中就能发现如此多的问题，充分说明进一步调查的必要性。但是，在实施进一步调查之前必须注意以下几点：

第一，希望能够邀请态度中立（或者能站在受害人立场上）的第三方机构实施调查。如果由大学当局实施，大学作为受害人的直接雇主，且调查本身的隐私权有可能受到管理方的侵害，很难想象受害者的回答会忠于事实。因为一旦有性骚扰事实被揭发，加害方通常都是受害人的直属上司，且事态发展都是对受害者不利的，想要把握实情，必须保证实施调查的是一个值得信赖的、在任何情况下都不会对受害人不利的机构。这也是为什么我说，京都大学女性教官恳谈会使用学内经费实施的调查"可算是较为理想的调查形式"。

第二，希望调查对象包含男女双方在内。东北大学实施的调查中，对男女双方都提出了有无性骚扰受害经历的问题。不过我并不是想强调性骚扰无关性别（男女都有可能成为受害者），因为一般所说的性骚扰加害者，更多是指男性。没有加害者就不会有性骚扰的发生，这是不言自明的。相比有可能成为受害者的女性，有可能成为加害者的男性群体才更有必要参加性骚扰问题培训。伴随"性骚扰"概念出现的"经历再定义"效果，让性骚扰的定义从"女性自身招致的耻辱"变为"男性对弱者乘人之危的权力滥用"。性骚扰从"女性问题"到"男性问题"的转变有着重大意义。

如果说东北大学有关性骚扰受害调查的目的是证明性骚扰无关性别，那么应当添加有关加害者与受害者双方的调查项目，这样才能通过调查有效地告知当事人何种行为属于性骚扰，使当事人能做出"经历再定义"。而且我们可以预见加害方的主动报告一定会低于受害方。加害者对自己的加害行为缺乏正确认识，这是性骚扰的特征之一。东京都开展的家庭内暴力调查（《"对女性施暴"调查报告书》，1997 年）中，以男女双方作为调查对象，调查项目包括意识与行动两个方面，然而在男性问卷中故意去掉了行动方面的项目。例如女性问卷中有"是否受到丈夫或恋人实施的如精神、言语、肉体上的暴力"，但在男性问卷中没有出现与之相对应的"是否施加过如下暴力"。不难想象，男性加害者的回答数量将远远低于女性受害者的。然而调查结果有可能被断章取义，不排除被别有用心之人拿去证明"你们看看，男性使用暴力的情况并不多，都是女性在瞎吵吵"。从性骚扰以受害人为基准（行为是否属于性骚扰取决于受害当事人的判断）的角度来说，加害方与受害方在自我申报上出现的性别差异才是必须要解决的问题。

大学组织结构上的性骚扰特质

江原由美子曾指出"校园内的性骚扰与学术骚扰等问题与日本一般企业中的性骚扰问题呈现出不同的特质"。我编纂的《校园性别歧视情况》一书中也邀请江原写了"造成学术骚扰难以解决的大学社会构造特质"一章节。就大学构造上的性骚扰特质来说，该章节是目前观察分析最为详尽、论据基于实际经历、论证最有说服力的一篇文章了。在此容我参考江原的文章并加上一些我自己的见解，提出几个观点。

第一，大学与一般企业的不同之处在于，作为直属上司的指导教授或讲座教授拥有包含人事权在内的个人裁量权。借用江原的话来说，这种不同导致大学内更容易出现"小天皇"或"独裁者"。

第二，大学社会具有研究室与学会直接相连的"二重性"。研究人员也许会换研究室，但学会会伴随一生，因此在小小的研究室受到致命打击，也就等于在学会这个共同体中持续背负风险。再加上专业细分化带来的闭塞性和专业间难以互通这一特征，导致学会这种研究者集体规模一般都比较小。江原把这种"研究者集体"称为"群社会"。

第三，"大学自治"名义下的互不干涉与漠不关心。大学自治之下，进一步细分为院系自治、学科自治、研究室自治，彼此之间互不干涉。这是大学内不成文的规定。在"大学自治"名义下，教授会成员既是受雇者又拥有招聘雇佣的决定权，这种未分化的构造在一般企业内是不可想象的。后文提及的东北大学事件，就是这种特质容易造成的内部互相包庇、维护和组织性防御的实例。

第四，上述的情况导致了大学在构造上缺乏监管部门，组织缺乏透明性。人事安排宛如密室，也很少出现一般企业会有的人事调动。借用江原的说法，大学组织构造的问题就是对没有"良知"的成员"缺乏管理能力"。

第五，受害者需要付出的巨大代价。受害者想要规避风险就只能转换专业或彻底放弃研究工作，然而在一般企业中可能出现的人事调动或转行，在大学社会的"二重构造"下变得极为困难。多数情况下，研究者为了走上研究岗位已经付出了大量的时间与精力，早已彻底切断了其他可选择的道路。不仅如此，如果在大学或研究生时期因受到性骚扰被迫转换今后的方向，将会对其一生造成巨大的影响。牟田和惠[1]曾指出，"校园

1　牟田和惠（1956—　），日本社会学者，专业为历史社会学与社会性别研究。

性骚扰日益严重的'最大理由'就是这种'无可挽回'的纠缠"（《校园性骚扰为何如此严重》，选自《书斋之窗》第485期，1999年）。

第六，社会对大学抱有的"大学幻想"或"学者幻想"。诸如"在有良知的学府……"或"那个人怎么可能……"等对大学的"圣域幻想"一直阻碍大学校园性骚扰问题的解决。但是，正如前文所述，通过各种事件和诉讼的报道，这一幻想几乎溃灭，身为大学中的一分子，我真不知是该欣喜还是悲哀。通过实情调查，我们明确了大学社会有着比普通社会更根深蒂固的"性骚扰特质"。江原写道："大学社会的构造特质使受害者难以发声，即便发声也很难获得支援。"每当看到具体事例中加害者毫无防备或毫不谨慎的态度，我们都一再被提醒，大学绝不是什么"有良知"的学府，反而是连"普通常识"都行不通的特殊社会。

校园性骚扰对策的问题点

在实情调查的基础上，面对1999年4月正式实施的《男女雇佣机会均等法修正案》直接压力，全国的国公私立大学同时启动防范性骚扰的措施。劳动省要求将其作为"用人单位的关注义务"，必须"做到方针明确、具有启发意义并广而告之，做好咨询、信访的应对措施，事发后迅速做出妥当的应对处理"。对于这一要求，各地大学制定的方案大致包括：（1）制定校内指导方针；（2）设置问题发生用咨询窗口；（3）设置调查委员会；（4）校内派发宣传手册等。各地大学都指定女性教员担任调查委员会或工作小组成员，可以说在全国范围内出现了所谓女性主义者教员总动员体制。这种状况使很多女性主义者教员陷入了哈姆雷特式的烦恼——加入，还是不加入？不加入可以继续保持自由的批判之手，加入就能制定更好的对策，但也有可能被当作校方组织性防御的挡箭牌……

根据全国校园性骚扰联络网 [1] 1999 年 9 月掌握的数据，全国共有 86 所大学制定了校内指导方针，其中国立 99 所大学中有京都大学、东北大学、千叶大学等 35 所，公立有大阪市立大学、大阪府立大学、爱媛县立医疗技术短期大学等 6 所，私立有早稻田大学、东京经济大学、国际基督教大学等 45 所。这些大学是否就能被称为性骚扰对策先进单位呢？确实从制定方针这一事实来说，这些学校走在了其他大学的前头，但反过来说，这些大学也几乎都是已经出现类似问题的"心中有鬼"的学校。正因为以往出现的性骚扰问题已经到了无法隐匿的地步，才被迫采取对策。当然，也有些院校没有走到法院诉讼的地步，通过当事人主动辞职或调停解决了问题，避免了在校外的曝光报道。在这 86

---

1 Sexual Harassment on Campus National Network，简称 SHCNN，成立于 1997 年，由教育机构、学术团体、社会运动团体、司法工作者、咨询机构等共同参与的全国性组织。

所"先进"院校中，在问题发生之前就制定方针的，反而是少数特例。

话说回来，只要制定指导方针、开设咨询窗口就万事大吉了吗？对性骚扰没有采取任何措施的大学当然成问题，而这些已经采取措施的大学也被指出其措施上有种种问题。全国校园性骚扰联络网为此制定了理想的指导方针自查项目，并依此对各大学的指导方针进行"打分"。联络网发行的小册子《指导方针制定入门》中详细介绍了"指导方针应当规定的内容"，具体有：（1）目的与定义；（2）咨询；（3）纠纷处理、救济；（4）预防；（5）整体相关事项。希望各位能够阅读参考。有关性骚扰的一般问题就交给其他论义吧，在这里我想就大学这一特定场所的性骚扰对策中的几个问题点进行论述，因为如果指导方针或咨询窗口没有正常发挥其功能，不但有可能让问题变得更复杂，甚至有可能不顾受害人利益，为大学方面的组织性防御出力。性骚扰对策究竟是"不管怎样有总比没有好"，还是"如果成问题那还不如没有"？为了防止对策本身造成的二次伤害，有必要对实际对策的具体内容进行详细的探讨。

第一，实施方是否正确认识到性骚扰是基于"滥用地位与权力"的"人权侵犯"。因此咨询窗口不但要处理"性"人权的侵犯，也要处理"性"以外的人权侵害。正如我不断在重复的，性骚扰是广义的性别歧视中发生的"性"侵害，单独把性骚扰从普通的性别歧视中剥离出来是很困难的。

第二，性骚扰对策的对象不应区分加害者和被害者，应当以大学教职员工，包括留学生、外聘讲师、研究室私设秘书等所有人为对象。另外，学生在勤工俭学中遭遇的伤害也应当作为解决对象。曾经有某部门的负责人说"我们部门没有女性，性骚扰与我们无关"，简直让人目瞪口呆。如果以"性骚扰的当事人主要是加害者"这一认识为前提，就不会出现男性群体中"性骚扰与我们无关"的想法了，反而有必要怀疑只有男性的群体中是否存在有组织地从群体构造上排除女性的行为。

第三，在纠纷处理过程中的（1）咨询业务、（2）纠纷的处理与调停、（3）调查这3项应当相对独立。这是确保各个过程的独立性、中立性与公正性的重要条件。负责（1）咨询业务的咨询窗口又可分为"委员会方式"和"专家方式"。但我不赞成"委员会方式"。

所谓"委员会方式"，就是通过任命或选举的方式从学校内部委员，即校内教职员工中选择合适的人负责咨询窗口的业务。且不说这些几乎是咨询门外汉的教职员工需要培训，仅从预防应对过程中的二次伤害来说，这样做也不能算十分妥当。况且在"委员会方式"中，委员本身是交替制的，即使最初遇到贴心细致的负责人，未必能保证该职位上在几期之后仍然是妥善的人选。这种情况下，就会出现咨询负担集中到一部分教员身上的倾向。

顺便提一句，东京大学某部门在校长的要求下迅速设立了信访咨询室，然而担任咨询窗口负责人的却是各研究室的最高领导。且不说应对态度本身有多么敷衍了事，仅从负责人选这一点，就足见该部门对性骚扰的认识程度有多么不足。那些组织中的最高领导本身就是成为性骚扰加害者概率最高的人物，又是直接利害关系中的上司，很难想象会有受害者去找这种窗口咨询。从这个意义上来说，负责咨询业务和调停业务的机构必须超越该部门。

与此相对，"专家方式"指的是在咨询的初级面谈阶段配置咨询师等专家，并且负责人在面谈之后要向调停委员会或调查委员会报告。窗口负责人也可以由调查委员会成员兼任。使用这种方式并获得成功的是东京经济大学。我听到的有关该方式的反对意见有二。一是校方没有多余的财力聘请专家，但是从事态的严重程度考虑，解决这一任务的预算与职位设置应当属于"企事业主责任"范围之内。二是没有（找不到）此类专业人才。有关这一点，可以参考各地女性中心设立的咨询窗口是如何聘请女性主义咨询师的。女性主义咨询师有各种社团群体，与社团群体签订业务委托合同的案例也不少见。

第四，为确保咨询、调查、调停过程的公正性，必须引入外部视角。特别是拥有调查权、调停权和发布指导意见权限的调停委员会，建议其成员构成包含以下三种人：第一，大学当局（雇主方）；第二，隶属于能够代表受害方利益的社团集体的成员（女性教职员工、女研究生、学生代表等）；第三，外部专家委员（咨询师、律师等）。尤其是第三类，外部委员不但能够对大学这样"密室"性较高的组织起到监督功能，也极大地保障了纠纷处理的公正性及信息公开的透明度。从国立大学已经有外部评价委员会并任命外部委员的前例来看，这个提案绝不是离奇古怪的点子。聘用外部委员的成员结构机制既可以排除校内上位机构的监督与介入，也能提高大学的自净能力。

最后还必须强调的是，任何对策在实施之后都有必要重新评估、调整。性骚扰对策不是一次性制定好就万事大吉了。设立咨询窗口后，若有事实案例出现，那么之后的应对和窗口运用能力的实际情况就会受到严格质询；若没有事实案例出现，也不能如释重负。没有咨询案例并不能证明这个大学"没有性骚扰"，充其量只是"没有关于性骚扰的咨询"而已。从以往的实情调查结果来看，性骚扰事实上"无论何时，在任何企事业单位都有可能发生"，如果性骚扰咨询室没有接到任何咨询，也有可能证明受害人对校方没有足够的信任。此时，学校非但不能昂首挺胸表示没有问题，反而应该主动自我检查对策上是否存在问题。

还有很多想要提出的问题，篇幅有限，希望大家能够参考《指导方针制定入门》。

大学有自净能力吗？

上述性骚扰对策的制定与大学的自治能力、自净能力息息相关。"最高学府"的成员是否具备应对性骚扰事件的能力呢？最后，我想介绍一个让我们十分悲观的严重案例——东北大学国际文化研究科事件。该事件因媒体报道一举成名，在这里择要介绍一下事件的前因后果。

东北大学国际文化研究科的一位女博士在就读的1995年至1997年间，持续性地被迫与指导教官保持性关系。1997年4月，该女生被录用为国际文化研究科助手后，就自己长期遭受性骚扰侵害一事，向隶属的东北大学教工工会北川内支部提出申诉。支部受理后报告给研究科科长，并在教授会的监督下成立了调查委员会。令人瞠目结舌的是，调查委员会在听取当事人双方的情况后，仅对加害者与被害者陈述内容一致的部分进行事实认定，并依此整理成了报告。因此，被害者申诉的内容被认定为没有事实根据，被指为加害者的教授也没有受到任何处分。教授会为了"息事宁人"，甚至把处理方式改成非正式的教官会议，当事人也只写了一份书面检查，其内容甚至没有直接提及事件本身，只是含糊地写了"抱歉因我而引起不必要的麻烦"。

仅从这一过程就可以指出多处问题。第一是工会的应对方式。受害者女性向工会提出申诉，受理申诉的仅仅是当事人所属的北川内支部，没有全校规模的工会参与。以往也有很多工会在应对性骚扰问题时以"个人之间的纠纷"为由不予介入。第二是调查过程造成的二次伤害。调查委员会在第一次听取情况时认可工会相关人员的到场监督，但是从第二次开始，禁止工会人员在听取情况时到场。整个听取过程在高压氛围中进行，据说甚至出现警告受害人不要把事情弄大的言行。第三是对调查结果的事实认定。仅就加害、受害双方陈述内容中一致的部分做事实认定，这种态度乍一看似乎保持中立，但事实绝非如此。在诸如性骚扰之类以权力关系为背景的伤害事件中，保持中立就意味着"站在强者一方"。第四是教授会的应对。可以说，该研究科在本次事件中举全科之力维护加害者，并进行了对组织自身的防卫。在这一点上，应对过程中的教授会成员也属于共犯。

受害女性对该结果不服，于1998年3月向仙台地方法院提起诉讼。从以往正式提起诉讼的案件来看，多数受害人都是在之前的申诉过程中遭受了无论如何都无法接受的不当对待，所以才踏出了向法院起诉的这一步。正式起诉是受害人必须做好精神准备、要付出各种代价的最后手段。因此也可以反推出，走到这一步的受害人已经在之前的处理过程中被相关人员将事件拖延、歪曲日久，并受到二次、三次伤害。诉讼正式受理时，"东北大学性骚扰案原告支援会"成立，东北大学"女性人员"恳谈会也启动了支援机制。

1999年5月，法院做出原告全面胜诉的判决。针对原告方提出的1000万日元赔偿，法院支持并判决被告必须支付750万日元赔偿，该金额是史上同类事件的最高赔偿数额。这次判决有以下几点重要的意义：

第一，法院从受理到判决仅用了大约1年，审理过程非常迅速。近年来，法院也在致力于提高审理速度。性骚扰案件会因审理的长期化导致受害人痛苦时间延长，造成二次伤害，因此审理迅速是值得欢迎的变化。

第二，新闻报道也十分关注的巨额赔偿。将性骚扰与实际经济成本相结合是有一定效果的。美国的企事业主开始认真对待性骚扰问题的起因，也是通过法院审理在社会上建立了"性骚扰会付出更高的代价"这一"常识"。

第三，判决中明确了即使没有语言或态度上强制或抵抗的直接的证据，"指导教官与学生"这种地位关系仍使受害方处于无法拒绝的立场，犯罪事实是加害方利用地位对受害方"强行要求发生性关系"。在以往其他案例的审理中，往往需要提供加害方"强制"或受害方"抵抗"的证据进行证明，本次审理明确了性骚扰是以权力关系为背景的侵犯人权的犯罪行为。

一审判决后，被告方提出上诉。东北大学校长与国际文化研究科科长都分别发表声明，两者都含糊其词地使用了"仍在审理中"的说法。对此表示抗议的"东北大学性骚扰案原告支援会"向校长、国际文化研究科科长以及国际文化研究科教授会全体成员投递了"公开质问信"，并将结果归纳成报告。

作为该部门的最高决策机构，国际文化研究科教授会必须对这次事件负责。特别是在受理受害方申诉后，虽然设立了调查委员会，但是其调查报告与法院的事实认定完全背道而驰，相差 180 度。有这样的结果，教授会必须深刻反省调查能力的不足。而教授会接到判决后，也面临不得不做出决定、采取何种态度来应对的境况。如果教授会的民主主义能够在学科自治的名义下发挥实质功能，那么教授会的每一个成员都应对此事负责，这是不言自明的。然而对原告支援会投递的"公开质问信"，教授会49名成员中只有6人给出了回复。其中1名为新上任，2名当时在外培训，没有参与教授会决定。当时真正参与了教授会决定的成员中，只有被认为是少数派的3名成员给出了答复。剩余的至今仍全都保持沉默。容我摘取其中一部分回答。

提问内容如下：

"现在，与校园性骚扰问题相关，社会上对'大学自净能力'提出了要求。请问阁下认为贵研究科是否拥有无愧于'国际文化研究科'之名的'自净能力'呢？请谈谈您的看法。"

对于这个问题，有如下回答：

"现在的国际文化研究科是完全没有自净能力、彻底腐烂的一个组织。"

"我不得不认为就性骚扰问题来说，无法期待本研究科教授会能有'自净能力'。"

"关于这一点，我遗憾地承认我非常悲观。"

"为了查明研究科过去做出的判断和仙台地方法院做出的判决截然相反的原因"，有提案建议设置一个以"重新调查"为目的的调查委员会，然而教授会连该提案都没有通过。"公开质问信"的这几份"回答"，很好地体现了教授会的现实。对于"大多数教官完美出色地保持沉默"的教授会，还有什么比内部成员的判断更有说服力的呢？

大学自治，取决于每一个成员的自治能力，如果没有能力，那么就应该交还自治权。当然，我这样说也不等于欢迎大学加强上级管理或强化外部监管。大学应当通过主动向外部公开信息、邀请外部相关人士参与等方式积极构筑自我管理、自我评价的体系。

女性已经不再默默忍受——关于性骚扰再次受到关注

最后，我想对那些对性骚扰问题仍有不少困惑的男性说一句。男性总是疑神疑鬼，觉得自己不会做什么性骚扰的事情，只是女性单方面闹得沸沸扬扬。虽说加害者几乎没有自我认知是性骚扰的特征之一，但另一方面，男性的不安与不信任也不是没有根据的。

经验告诉我们，大多数性骚扰加害者都是惯犯，也就是说，以往对其他女性也有过相同的行为。矢野就是一例。加害者的失算之处在于，没有察觉到女性在面对他以往的相同行为时反应上的变化。以往没有出问题的言行为何到今天成为被告发的对象呢？对此感到疑惑也不是没有道理。男性没有变化，是女性发生了变化。更准确地说，由于"经历再定义"的效果，女性降低了容忍限度。"以往没有出问题的言行"并不是"没有问题"，仅仅是"没有人把它当作问题"而已。性骚扰的增加，说到底是性骚扰被视为问题来对待的数量增加了。女性已经不再默默忍受——在性骚扰问题的背后，最大的变化就是女性的变化。

语言变化改变世界

1997 年

近来"表达自由"与"言辞围剿"的对立甚嚣尘上。即使对语言设置禁锢，令人困扰的现实也不会消失。"女佣"换成"帮手"并不会改变任何现实，甚至有人开始捣乱搞笑，讨论是否要把"秃子"——这好像是"媒体禁忌用语"——换成"头发不方便的人"，把"矮子"换成"受到垂直方向挑战的人"。不过，倒是存在一种语言变化，不是根据政治正确把某物视为不存在，而是通过"另一种表达方式"让事态的观察角度发生了截然相反的变化。

语言斗争的武器就是语言。嘴上斗不过就动手，那种男人最糟糕。斗争也不需要一味地正面突破，声东击西、诙谐模仿、讽刺嘲笑，斗争方式层出不穷。面对无比强大难以战胜的对手，与其抱着玉碎自爆之心，不如尽量选择性价比高的战术。幽默就是强大的武器之一。

女性主义者一路走来创造了不少新词，这些词绝不是为了单纯想遮掩歧视问题而更换的。在这里，我想介绍几个让人眼前一亮的"改变观察世界方式"的词汇。

"性骚扰"

此类词汇中有一个获得 1989 年流行语大赏的"性骚扰"。这个词是英语"sexual harassment"的日语缩略。一句"你长得挺艳啊"就有可能被对方说"性骚扰",男人为此战战兢兢。"那么可以允许到什么程度?性骚扰狂想曲"之类的周刊杂志大标题在地铁车厢广告上随处可见。讽刺的是,父权制媒体居然为该词的普及出了一份力。"啊,这样说来那件事应该算性骚扰吧。"不少女性因为这个新词的出现,过往之事重现眼前,泛起新的怒气。对那些大叔的言行不堪其扰,内心无比烦躁只想大叫"恶心"的女性,终于可以用"性骚扰"这个新词来形容眼前的事态了。这个词诞生后,我也遇到了数位想起多年之前的经历后恍然大悟地说"对啊,那是性骚扰啊"的女性。

"性骚扰"一词在今年 3 月原京都大学某教授的性骚扰事件法院审理中获得了官方定义。说起这起诉讼,居然是源于当事人某教授起诉同事在地方报纸上曝光自己的"名誉损害",也是岂有此理了。

性骚扰,指违背对方意愿做出带性暗示的言行,以对方的反应为依据,给对方工作造成不利,或因该行为的反复出现造成工作环境显著恶化的行为。

性骚扰被认定为工伤的一种。因此，制定防范性骚扰对策是雇佣方的责任。假设在职场中有男性张贴露骨的女明星泳装挂历，若在以往，女同事对他说"太恶心了，请撕掉"时，对方就会顶回来说"是吗？你觉得恶心，可我觉得很舒服啊"，甚至破罐子破摔，直接说"你还太嫩，别不知好歹"，但现在我们就可以直接对他说"你这是性骚扰哦"。"性骚扰"一词明显降低了职场女性的容忍限度。也可以说，正因为女性认真地鼓起干劲在职场上占据了一席之地，所以女性变得更在意职场的"居住环境"了。

当然，会有男性说"都怪这个词把好好的职场关系搞得紧张僵硬"。我们必须要让他们明白，原先看上去一团和气，是因为女性为了让男人方便而一味地忍让迎合。"性骚扰"当然不是女性问题，而是男性问题，确切地说是"问题男"的问题。因此，有必要接受"性骚扰防范培训"的应该是男性员工。让女员工参加培训，学习"遇到这种情况应当如此反击"是本末倒置的行为。

"买春"

maichun，用电脑输入这串拼音，变换出来的汉字是"卖春"，"买春"是打不出来的，当然它也没有被收录在《广辞苑》[1]里。

1　日本最有影响力的国语辞典之一，1955 年由岩波书店出版发行。

"卖"与"买"一字之差,但"买春"可以明确这一行为不是女性问题,而是男性"买"家的问题。新闻报道中有这样的实例:

少女在联合国维和部队卖春——以伊军将士为对象(《读卖新闻》1994年1月30日)

标题写成这样,听上去就像少女主动自发地卖春。性产业中有关先有鸡还是先有蛋的问题一直争论不休,当然是有需求才会有供给。如果把标题换种说法,人们的看法会立刻发生180度的转变:

维和部队将士向未成年人买春

谁是"罪犯",这样写就一目了然了。

父权制媒体近来的热门作品是"援助交际"。啊,这可不是佩服的时候。用社会学"业界"的后起之"秀"宫台真司[1]的话说,"援助交际"是大叔委婉的表达方式,反而是女孩子直截了当地称呼那些当事人为"出来卖的"。把以少女为对象的"买春"——或者也可以叫作"淫乱行为"——称为"援助交际",大概可以减少大叔的一些罪恶感吧。不良少女和穿超短暴露装的

1 宫台真司(1959—),日本社会学者、电影评论家。

女学生虽然病得也不轻，但相比之下，把自己的行为用"援助交际"加以粉饰的性骚扰体质的大叔显然病得更重。宫台要做研究也应该朝这个方向研究吧。

"无薪酬劳动"

在女性主义者发明的各色词汇中，"无薪酬劳动"可算是流传度最广的词汇之一。家务不仅是劳动，还是不正当地没有薪酬的劳动。明白这一点后，夫妻吵架时，面对丈夫让妻子闭嘴的必杀技"你也不想想是谁供你吃的"，妻子也就可以有顶回去的话了：

"你才该好好想想，是谁供你每天安心去公司上班的？我每天在家也是工作到筋疲力尽啊。"

丈夫也许会越说越来劲：

"你干的又不能换钱，算不上工作！"

这种时候，我们就该这样回：

"你干的活儿能换钱，那是因为男人一个个都变成了空心大萝卜，又不是你多有才能。"

你说东我偏说西，女性主义给了女性理论武装。有这样的妻子，男人一定觉得不好办吧。学习了女性主义，夫妻关系一定会变糟（笑），因为妻子的"容忍限度"降低了。或者应该这么说，以往的夫妻和睦，只不过是因为妻子抱着"只要我忍忍"的想法，不断地放弃与忍耐而已。

顺便说一句，"无薪酬劳动"这一概念登场时，当时的经济学专家们的抵触是最强烈的。他们跟那个叫嚣着"你干的又不能换钱，算不上工作"的不懂道理的丈夫说着一样的话。

"无薪酬劳动"这一概念让女性认识到自己付出的劳动虽然不能换钱，却是有价值的。把自己的老父老母甩手扔给妻子的丈夫，他们的内心应当是有一丝羞愧吧。

最近说起"劳动妇女"时，有主妇发声："我们不也是'劳动妇女'吗？""工作母亲"（Working Mother）也是一样。所有的母亲都是"工作母亲"。"那么像我这种又在外边上班，回到家里还要做家务带孩子的算什么呢？"外出工作的母亲，放心，有别的词汇等着你们。你们所做的叫"双重负担"。

"性虐待"

对儿童的虐待中，涉及性虐待的行为以往一直被称为"近亲相奸"。用"相奸"一词听上去总像当事人双方达成了某种协议。但是八九岁的孩子（90%以上是女孩）和大人（90%以上是父亲或继父）之间会达成什么样的"性协议"呢？说到底，这就是父母对孩子的性虐待，甚至是父母在孩子无法逃避的状态下长期持续性地强奸。这一现实，通过内田春菊[1]的《爸爸混蛋》等作品赤裸裸地呈现在人们面前。同时，在今后的人生中，遭受虐待的孩子也会长期陷入自我分裂，自尊心低下，留下严重的心理阴影。

据说某著名报社的《记者手册》中把"强奸"一词定为"歧视用语，令人不快的用语"，要求记者换成"暴行"或"施暴"。那么我就很想吐槽，"杀人"难道不算"令人不快"吗？"暴行""施暴"不但无法传递出正确的情况，甚至听起来会减轻事件的严重程度。还有换成"恶作剧"的，简直荒唐。

"慰安妇"也是对男性来说十分趁手好用的词汇。就算对男性来说是"慰安"，提供"慰安"的一方可是不堪忍受的。男人可真会起名字，这里就应该用"强制劳动"或"性奴隶"。如果用这样的名称，男人也会觉得"这可有点受不了"吧。没办法，这是上一代的老头子们干的。我们还是直面现实为好。

不要说什么"不就是个词儿嘛"。

既没钱又没力量的穷人与弱者，他们的武器就是想方设法开动脑筋编新词，"你说东来我说西"。

---

1 内田春菊（1959— ），日本漫画家、小说家。幼年期遭受继父的性虐待，16 岁离家出走。1993 年发表了自传小说《爸爸混蛋》(Father Fucker)，一举成为当年的畅销书。

致"泡沫"二世的女孩

1995 年

希望女性来工作但又不希望她们做得超出本分、工作太久是个麻烦、无能是个麻烦、嘴太碎更麻烦……以上这些大概是企业的真心话吧。于是,企业对苦恼于就职困难的女生说:"这位小姐,我们也希望尽量雇用像您这样年轻活泼的(而且还便宜的)女性,可惜公司现有的'女王'不肯走,搞得我们的招聘计划都乱了呢。"

时至今日,女性出门工作已是理所当然。晚婚化导致 30 岁以前单身成为普遍现象,不过她们也没时间帮家里做家务,因为就职成了事关年轻女性生存的头等大事。男性的工资也不再有增长,加上离婚法从责任至上向支持分手的变化,导致结婚也不再是"永久就职"了。最致命的还是当下的经济萧条。一旦辞职就没有退路,不可能有好工作适合带孩子的"大婶"。因此,近年来职业女性的平均工龄逐渐延长。这就是女性在这个性别歧视的世界上为了自我保护而给出的回答。

企业也对此做出反击:给想要工作的综合职位女性安排繁重程度堪比男性的工作;给赖着不走的一般职位女性设定工作内容

和工资上限；为了预防女员工赖着不走，与她们签订短期合同。为了保证低薪女员工的高速轮换，雇用派遣员工或临时工。女性工作问题的背景与 20 年前大相径庭，企业也为此用尽一切手段出招应对。

在《男女雇佣机会均等法》诞生之前的岁月里，女性前辈们经过漫长的诉讼斗争，终于成功消除了女性青年退休制[1]和男女退休年龄差异，人们相信《男女雇佣机会均等法》是女性胜利成果明文条款化的产物。但是，在《男女雇佣机会均等法》实施第9 年的第一号调停案"住友金属工业案"中，在《均等法》颁布前进公司的女性员工，她们所处的职位被视为等同于法律颁布后出现的"一般职位"，企业堂而皇之地继续着性别歧视[2]。再以南海放送局为例，该局在《均等法》颁布后就没招过正式女员工，仅和女性签订短期合同，靠所谓"一切按照合同当然就不存在违法"的歪理横行世间[3]。

《均等法》到底是什么？对女生就职困难没有任何实效的这部法律，本以为说到底和它诞生的时代一样就是个"泡沫"，现在看来非但如此，它居然还是企业强有力的支持者。

---

1 在昭和前期，很多企业规定女性到 30 岁必须退休。

2 该案件于 1994 年 3 月向大阪妇人少年室提出调停申请，9 月以失败告终，本文为 1995 年所写，针对的是当时的调停失败。随后 1995 年受害人向大阪地方法院提起诉讼，2000 年原告方全面败诉，引起社会争议。原告上诉后在 2005 年终于获得全面胜诉。

3 该案例为南海放送局与女性员工签订的短期合同规定只能工作 4 年，结果导致事实上女性 26 岁就必须退休的性别歧视问题，事件最终没有得到妥善解决。

其实，从《均等法》起草过程中对用工单位一再让步的态度就已经预感到会这样。《均等法》对有思想的女性来说，绝非胜利的结果，而是败北的象征。为《均等法》实施做出贡献的赤松良子[1]获得了第一届樱草奖（由大阪府男女共同参与、青少年中心颁发给对男女平等做出贡献的女性奖项）。嗯，我总有些无法释然。

"泡沫"二世的女孩，对不起啊，就是因为我们力量薄弱才造成这样的局面。不过，任何自由与权利都不是由谁赐予的，我们只能通过不断斗争来获得。只有不断斗争，你们才会日益清晰地看到前辈女性们永无休止的脚印。

1　赤松良子（1929—　），日本政治家、外交官，任劳动省妇女局长期间是《男女雇佣机会均等法》制定的核心人物。

在逆风中

1998 年

1995 年横滨女性论坛创刊发行《女性设施杂志》(学阳书房)时，社会上已经对女性中心的建设浪潮刮起了逆风。在政府公认的"男女共同参与社会"的标语与行动计划的带领下，各地政府也随之掀起了制定行动计划的热潮。与此同时，"为什么只有女性可以享受优厚的行政服务""女性已经有足够的力量了"之类的意见也开始恣意生长。"女性中心只能让女性抱团，不如建造男女老少都能出入的综合设施""应该采用独立核算制的财团方式运营"等引人注目的口号，看似颇合乎时代潮流。隐藏在这些口号背后的，是本就因热衷建设各种收效不大的公共设施而饱受批判的各地政府，它们开始觉得女性中心的建设和维护保养费正在成为日益沉重的负担。

我也是《女性设施杂志》的编委成员之一。我们在创刊号的卷首设置了题为"还需要女性中心吗？"的问答专栏。回答当然是"还需要"。第 2 期设置了"女性设施的信息功能"特辑，第 3 期是"市民活动支援与女性设施"特辑。现在正在编辑中的第 4 期将会刊登"女性设施的咨询事业"。

经济状况变差，女性问题就被搁置暂缓，流行瞬息万变的媒体已经对女性问题出现了厌食反应，然而只要是女性都能切身体会到现实之严酷。女性中心就是感知与接受这样的女性问题，并不断向社会发送各种讯息，建立彼此联络的据点，是不可欠缺的设施。

现实中，女性中心的活动也并非都能符合这一宗旨。有些中心被一部分女性团体掌控着既得权利；有些中心由地方行政主导，造成市民使用上的不便。但即便如此，有总比没有好，这就是女性中心。只要有设施与设备，有人才与预算，市民们自会思考如何使用。女性中心不是形式主义的空架子。守护并培育女性中心成长是女性市民的职责所在。

《男女共同参与社会基本法》的意义

1999 年

《男女共同参与社会基本法》于 6 月 15 日在国会上通过。这次国会中进行审议表决的法案有《日美防卫合作指针》修订版、窃听法、国旗国歌法等。《男女共同参与社会基本法》被埋没在这成堆的审议之中，既没有成为什么大新闻，也没有激起什么议论或反对，悄悄地通过了众议院的表决。

行政改革之子

"这种法律是谁在什么时候提出来的？""有什么效果啊？"我在各地的女性集会上都听到过这样的疑问，而我是觉得为什么不叫"男女平等基本法"呢？一开始就这么畏缩不前怎么成？即便如此，这部法律为女性政策带来的范式转移是显而易见的。可是决策者似乎没有充分理解其重要性，或者也有可能觉得反正成立了也没什么实效，就不屑一顾地让它通过了。

《男女共同参与社会基本法》是 1996 年桥本龙太郎担任首相后，由自民党、社民党、先驱新党等组成的联立政权进行行政改革的产物。政策负责人与审议会委员试图借此机会实现女性政策的主流化。用一句话概括其内容，就是女性政策从局部到普遍的转换。自 1975 年"联合国妇女十年"启动以来，女性政策成为日本政府公认的政策课题，而《男女共同参与社会基本法》的通过在整个女性政策发展史上也是特别值得记一笔的。让我们按照发展顺序来看看女性政策的变化。

1977 年制定了第一次国内行动计划。当时负责的部门叫作"妇女问题企划推进总部"，位于首相官邸内。该计划的"基本思路"是"提高妇女地位"和"提升妇女参与度"等，为此设置的重点目标为"使教育培训更为充实"。可见当时女性政策的努力目标是提高女性地位，让女性自身"版本升级"，我们把这一时期称为女性政策第一期。

制度改革的必要性

女性政策第二期是 1987 年"面向公元 2000 年的新国内行动计划"，即所谓的第二次行动计划。在第二次的"基本思路"与"政策基本方向及开展"的重点课题中，首次出现了"男女共同参与"和"有关男女平等的意识改革"字样。男女平等无法取得进展的原因是男人的思想过于陈旧，因此要通过启发、启蒙去改变他们。这就是第二期的努力目标。

这次《基本法》的通过让我们迎来了第三期。第二次行动计划中的"男女平等"被置换成了"男女共同参与"，负责部门的名称也变为"男女共同参与推进总部"。此次新登场的口号是"构建没有性别偏向性的社会体系"。"意识改革"退到幕后，"社会规则与制度的变更"走到台前。

简而言之，从第一期到第二、第三期的变化，就是从"女性努力"到"男性的意识改革"再到"社会体系重建"。因此，男女平等无法实现，既不是女性的努力程度不够，也不是大叔的思想不肯改变。换言之，《基本法》的通过宣告仅仅靠女性努力或男性意识改革是不够的，重要的是改变现在这个只对某一方有利或不利的社会体系。

顺便说一下，第三期口号中的"没有性别偏向性"是煞费苦心想出来的"性别自由"（gender free）的日语译名。"社会性别"（gender）概念的引进也是日本社会一件划时代的大事。以无性别差异为目标，也就意味着最终目标是建立一个不需要性别概念参与的社会。到那时，"就算性别不同也是平等的"这样的借口就不能再蒙混过关了。

年龄歧视也一并消除

这一范式转移给女性政策带来的意义十分重大。第一、第二期女性政策仍然是作为社会教育或终身学习的一环，至今还有不少地方政府负责女性政策的部门从属于教育委员会或终身学习科，这在第三期之后会有根本性的改变。政府行政改革方案提出在内阁中设置"男女共同参与局"，它可以横向参与其他政府部门的政策。

例如养老金改革中的"第三号被保险者问题"（专职主妇不支付保险费用也有资格领取保险金）的推迟，与"没有性别偏向性""中立的选择"的政策观点，两者在同一个政权内部是有明显矛盾的。那么，《基本法》出现后，就有可能从《基本法》的立场直击此类矛盾了。

《基本法》还能够把间接歧视也作为问题放到人们的视野中。例如劳动市场上的年龄限制明显导致了"在性别上有偏向性"的后果。因抚养子女或照顾老人辞职的女性再次回归工作岗位的最大障碍就是年龄。因此在禁止性别歧视的法律之后，有必要制定禁止年龄歧视的法律。那么，政府机关，请自隗始！有一条是所有行政机关能立刻实施的，那就是取消公务员考试的年龄上限。

话说回来，由谁来担任旗手呢？《基本法》若是没有具体法律政策的实施，终归只是画饼充饥。必须要设定专门的政策负责部门，并且拨出预算、赋予权限，还要设置男女平等监督机构与信访处理机构。若各种制度真能如此逐渐完善，那么就能让所有人清晰地看到《男女共同参与社会基本法》通过的 1999 年，女性政策到底迎来了怎样的转换期。

农村的男女共同参与

2008 年

"男女共同参与"事业进展最为迟缓的就是农村。更准确地说，尽管女性劳动力在农村不可或缺，但女性的地位与其贡献度相比却极为低下。无论是在家庭内部还是在地区社会中，由女性掌握决定权的场合少之又少。例如女性人数在农业生产中占多数，然而农业委员或农业协会的干部中，女性数量少得极为不相称。

20 世纪 90 年代走访农村时，我曾听到"这一带女性参与社会的政策也有一定进展了"。具体来说，在原先全是男性的农业委员中也出现了女性。这些女性当时多为五六十岁，是 30 年前战败后农村改善生活运动全盛时期作为中坚力量的年轻媳妇。

听了这番话，我不由得心生敬佩。我们很难想象 20 多岁时积极参加地区活动的人之后会陷入消极被动的状态。她们年轻时积极充当地区运动的中坚力量，想必在之后的人生中也一直积极地活跃在社会舞台上吧。30 岁、40 岁，相信她们在成长之路上一直坚持着自己的生活本色，因此才获得了地区社会的信赖，最终被选为农业委员。她们绝不是一直默默忍受至今的女性。

新潟县有一位叫河田珪子的女性发起了一个名为"娘家"的地区福利事业。该事业作为看护保险事业的补充，以"回娘家吧"作为宣传语，为孤苦无依的老人、闭门不出的年轻人和不敢踏出家门的自杀未遂者提供心灵依靠。"娘家"这个词深深地打动了我。

我是在北陆地区长大的。在我的家乡，女性是不可或缺的力量，然而女性的地位却非常低。特别是对媳妇们来说，婚后的家庭就是受到婆婆 24 小时监视的职场，只有在中元节和岁末能有几天可以回"娘家"。"娘家"是唯一可以让媳妇们歇一口气的地方。熟知地方情况的人应当能够深深地体会到"娘家"一词所包含的意义。

20 世纪 50 年代的年轻媳妇当上了 20 世纪 90 年代的农业委员。20 年后的今天，她们 80 多岁，又会过着什么样的人生呢？

日趋严重的女性就业难

1999 年

过去，社会上曾论及只要没有身份地位上的歧视，劳动模式的多样化就值得欢迎，然而反观现实，这种论点未免有过于乐观之嫌。

1991 年的泡沫经济崩溃至今已过去 8 年，女性的就业境遇一路恶化。社会上对应届毕业生用工市场状况的形容，从一开始的"暴风雨"到"冰河期"，很快又变成"超冰河期"。冰消雪融遥遥无期。

经济状况高于法律

1986 年颁布的《男女雇佣机会均等法》并没有为女性的用工平等加以保障。《均等法》的效果只不过是泡沫经济带来的，这一点已是专家之间的共识。泡沫经济期间增加的女性用工机会，随着经济萧条的到来土崩瓦解，由此可知女性用工机会的增加并不是法律效应，只不过是受经济状况的影响罢了。

众所周知，由于《均等法》只有"努力义务"没有惩罚规定，因此招聘过程中的性别歧视——男女人数限制、面试性骚扰等公然横行。今年4月颁布的《均等法修正案》中尽管规定今后将对违反法律的企业实施实名公开曝光的处罚，然而至今也没有出现一例。

非但如此，即使出现请求调停的案例，也由于法律本身的不完善，只要双方对接受调停本身不能达成一致，调停就不成立，这导致大部分受害人的诉求都以调停不成立而告终。类似住友金属案等极少数走调停程序的案例，其结果都是企业方的主张受到全面支持，劳动者方完全败诉。

同一时期的性别歧视诉讼案中有数例女性劳动者方胜诉的案例。辩护方依据的法律基本上都是《宪法》《劳动基准法》《民法》等，而不是《均等法》。在法庭斗争中，《均等法》无法充当武器，法律专家想必也是懊恼无比吧。

正如芝信用金库诉讼案中揭露的，同期进入公司的劳动者中，男性全都有了一定的职务升迁，而所有女性仍然是平头百姓，这种做法没有任何合理的依据，法院判决中的"除了年龄以外没有任何评定依据"，揭示了日本企业中人事安排的实际状态。

前所未有的异常变化

经济陷入萧条期以来，女性就业市场上出现了前所未有的异常变化。其一是中老年非正式员工的解雇和暂时解雇。虽说1973年石油危机带来的世界经济格局的变化导致了经济萧条，然而其间，在成长型产业部门中，女性的非正式雇佣数量是有所增长的。因此，目前的事态可以说是日本"二战"后第一次真正意义上的全面大萧条。

其二，应届毕业生用工市场的男女差异不断扩大。其三，应届毕业生用工市场上本科毕业的女生就职数量一反常态地超过短期大学毕业女生，高中毕业的女生找工作当然更困难。其四，虽然综合职位与一般职位的招聘数量都在减少，但令人惊讶的是综合职位减少的比例居然相对较低。虽说女性综合职位的招聘数量本身就很少，但在很多企业相继表示完全不招一般职位的局面下，有不少企业却积极地在营销部门或专业岗位的综合职位上招聘女性。这意味着只要是能成为战斗力的女性，企业是打算充分有效地利用的。换言之，一般职位被视为"男性的辅助职位"，负责的工作无非是沏茶倒水、复印文件，谁都可以替代，企业已经没有余力为此类工作去雇用一个全职女性员工了。

职场第一线上的事态更严重。企业的女职员虽然做着和过去一样的工作，但是身份却从正式员工转换为派遣员工、合同工、临时工甚至钟点工，工资也只有正式员工的二分之一或三分之一，也没有雇佣保障。以往女性的一般生活模式是毕业后成为正式员工，结婚生子，育儿期中断工作，中年之后以临时工等低薪身份回归职场。然而时至今日，女性面临的境遇是一毕业就要被抛到非正式员工的外围劳动市场上。

公务员招聘中半公开的秘密

随着民间雇佣数量的减少，报名参加公务员招聘的人数不断增加。既然政府推进"男女共同参与社会"，那么就应该率先垂范公平招聘，然而在各部委的国家公务员招聘中，男女招聘人数不同是半公开的秘密。地方公务员的招聘也一样，只要比较一下公务员考试中男女考生的比例和最后合格者的比例，就可以看出女性合格率一向是要比男性低的，这不得不让人怀疑存在性别歧视。

女性因就职可选择的范围小于男性，更容易集中到公务员招聘这条道路上，按理女性合格率应高于男性。事实上，在全国各地政府的市一级公务员考试中，过去3年男女合格率比例已经出现逆转，证明了我的预测。既然在县市级别出现逆转，那么有理由怀疑在国家部委的招聘中出现了照顾男性考生的某些动作。

即便无法证明每一个招聘中是否存在性别歧视，但当统计数据出现扭曲时，仍然可以用流行病学原理来判定招聘中存在性别歧视现象。与其称这种现象为女性歧视，不如称之为男性优待。

同样的情况有必要在国、公立高中和大学的入学考试中也进行查验。纳税人应当加强对政府的人事监督。

把女性赶出职场的做法是否有未来，历史会做出判断。

性别平等的终点

1999 年

　　说起女性主义者，总有人误解说"是想变得像男人一样的女人吧"，年轻女性在后面还会跟一句"像傻子一样"。男性则会说："是吗？那好，既然希望和男人待遇一样，那就抛弃'女人'的身份吧。要能和男人一样努力，就把你们当男人对待。"《男女雇佣机会均等法》就是这样一部法律。

　　为了避免误解，我要赶紧补充一句，现有的这部《均等法》并不是女性要求的。《均等法》是彻底不顾女性团体的反对，强行通过的只对用人单位有利的法律。众所周知，即使做到和男人一样努力，女性在现实中也得不到像男性一样的回报。那么女性主义者会要求更公平的竞争吗？绝对不会！明知最后的结果会变成"那么男人会遭遇的过劳死，女人也来试试"这种无视家庭与个人崩溃的男性生活方式，谁会想要尝试呢？日本男人的生活状态实在没有人愿意模仿。

　　尽管如此，为什么仍然有人误认为性别平等的终点是"女性要变得和男性一样"？估计是大叔的想象力已经贫瘠到只能以自己为模板去理解性别平等了吧。年轻女性则是通过父权制媒体的错误宣传被灌输了错误的女性主义者形象。若女性主义者真是这种形象，连我都会认为"像傻子一样"。

女性既不需要"像男人"，也不需要"抛弃'女人'"，当然也没有必要拘泥于"女人味"或以此为"卖点"。女性主义究竟是什么？"我是女人，我做主""我是怎样的女人，不容他人决定"……女性主义就是社会少数群体对自我定义权的主张。

长久以来，女性动不动就被威胁说"你那样不像个女人""做那种事情会嫁不出去"，但是，女性主义者想说的是，无论我是丑是美，无论我会不会被男人选择，无论我有没有乳房或子宫，"我就是我！我就是女人！这由我自己决定，不容他人侵犯"。

今年颁布的《男女共同参与社会基本法》的口号是"构建没有性别偏向性的社会体系"。该法律的划时代意义在于否定了"即使不同也平等"的男女特性论。也许有人会觉得"男女没有不同了吗？那就太无趣了"，不，这是误解。这里说的不同，不仅是男与女的不同，还是更广义的各种层面上的不同。关键在于，必须建立有效的社会制度以保证这些不同不会对其中某一方有利或不利。有不同理所当然，不同不是黑白二色，而是五光十色。性别平等的终点就在于多样性的共存。

第三章

抗击逆袭

——21 世纪 00 年代

新自由主义下不断拉大的女女差距

2005 年

2005 年 9 月 11 日，在国会总选举中，女性议员数量达到了 43 人，首次改写了战后第一届保持至今的 39 人纪录。该纪录的诞生得益于小泉纯一郎[1]率领的自民党实施的"积极平权措施"（affirmative action），该措施指定女性为公认候选人，并在大比例选区位于候选名单前列。我们是否可以认为自民党就此摇身一变，成为"善待女性"的政党了呢？

"女刺客"作为小泉（纯一郎）和竹中[2]（平藏）新自由主义改革路线的炮灰被送上前线，在议会中服从以人数取胜的执政党决议，为了下一届能继续成为公认候选人而宣誓对党绝对服从。女性的增加并不意味着政治有所改变。小泉的结构性改革以"把民众能做的事交给民众"为口号，被称为迟到了 20 年的撒切尔、里根改革。从他国经验可知，在拥有"铁娘子"首相的英国，站到顶峰的女性并没有给民众带来"善待女性的政治"。狂热支持女性总统候选人的也只有天真的美国人了。但即

1　小泉纯一郎（1942—　），日本政治家，2001 年至 2006 年间担任日本首相。

2　竹中平藏（1951—　），日本庆应大学经济学教授，小泉经济改革的重要推动者。

便是天真的美国人，面对布什政权的高官、好战的赖斯[1]，也不免兴味索然吧。

只要是个女的就行吗？在这次的选举中，这个自古就有的陈腐问题出现了前所未有的意义。

新自由主义以"自我决定、自我责任"为原则。被小泉政权送上前线的女性无一不是出身优越、拥有高学历、有能力和成绩的"人生赢家组"。那么自由职业者、尼特族[2]、临时工、派遣劳动者等女性的"人生输家组"呢？新自由主义对她们也主张"自我责任"吗？

自由职业者也好，临时工和派遣劳动者也罢，都不是出于"本人的选择"，而是劳动市场结构导致的。这一点早已得到证明。在全球性劳动市场多样化的趋势下，劳动条件一再降低，原先只保护男性正式雇员既得权利的日本劳动组合总联合会也发生了异变。在最近的会长换届选举中，出马挑战高木刚[3]新会长的是当时全国社区工会联合会[4]的女性会长鸭桃代[5]，竞选过程中集

1　康多莉扎·赖斯（Condoleezza Rice，1954— ），美国女性政治家，布什政权期间担任美国国务卿。

2　尼特族，指不升学、不就业、终日无所事事的青年族群。

3　高木刚（1943— ），日本劳动运动家，2005年至2009年间担任日本最大的劳动工会团体——日本劳动组合总联合会会长。

4　Japan Community Union Federation，成立于2002年的日本工会团体，是日本劳动组合总联合会旗下的加盟组织。

5　鸭桃代（1948— ），日本劳动运动家、政治活动家，日本全国社区工会联合会首任会长。

中在她身上的惊人批判数量似乎也是理所当然。

新自由主义的各种扩大的差距也把女性卷入其中。不仅男女之间的差异，女女差异也在加剧。一方面加入"人生赢家组"的女性不断增加，另一方面"人生输家组"的女性被说成是"自我责任"。新自由主义下的"男女共同参与"政策中最浅显易懂的指标是"女性在所有领域中的代表性"，换言之，女性比例达到与人口比例相符的水平——国会议员、政府官员、企业管理职位、风险企业管理者的半数，右翼需要女性参与，自卫队和联合国维和部队也招募女性，再加一点，裁员自杀者的半数也要有女性？

难道这种噩梦就是女性主义的目标吗？另一方面，申请育儿假的半数是父亲，护理行业劳动者的半数是男性……这些目标却依然没有任何进展。

以上种种目标都建立在现有的社会结构不变的基础上，试图在该结构内实现"男女共同参与"。但是社会结构本身只对男性有利，大多数女性必然成为"人生输家"，只有极少数为人处事比肩男性的女性才能被誉为"名誉男性"，从男性世界里分一杯羹。女性主义者不需要"这样的社会"，我们的要求是改变当下的社会结构。

然而时至今日，一部分自民党成员居然提出废除连"男女平等"都不敢直言的《男女共同参与社会基本法》，将"社会性别"作为禁忌用语的提案公然横行于世，连新自由主义政权下的"男女共同参与"都在逆风中摇摇欲坠。女性主义者可能连这些法案政策都不得不加以守护。

对于"这样的社会",女性早已给出了答案——非婚化与少子化。在"这样的社会"中,我们生不了,养育不了。女性的这种集体无意识就是历史给出的答案。针对家庭危机问题,守旧势力试图用社会性别抨击的方式反击,但是他们没有意识到,呼吁"守护家庭"的声音越高,新自由主义强加于女性的"自我责任"重担就会越发导致家庭的崩溃。

女性主义终将与新自由主义割袍断义,这样才能逐渐分清女性阵营中的敌与友。治疗方法已然详尽,处方已然反复斟酌,方案已然提出。

我们需要的社会,是任何人在任何年龄都可以重新来过的社会;是可以自由选择劳动方式且不受区别对待的社会;是女性能够自由选择育儿或照顾老人,不受强制、不孤立无援、不因这种选择而蒙受损失的社会;是女性不会受到男性暴力或性骚扰的社会;是女性即使孤身一人也能安心生育孩子的社会。

正因为这些方案一个都没有实现,女性主义的历史责任仍将不断继续。

女性主义收获期

2001 年

今年陆续出版了多部强有力的社会性别研究著作。似乎有人在说女性主义已经终结，我想说在研究层面上非但没有终结，反而迎来了收获期。

《堕胎论战与美国社会——关于身体的战争》（获野美穗[1]著，劲草书房）

《性秩序》（江原由美子著，劲草书房）

《名为母性爱的制度——谋杀亲生子女与堕胎的政治学》（田间泰子著，劲草书房）

上述 3 部精彩的论著是作者们在长达 10 年的研究后出版的集大成之作，绝不是一两天就可以随意出版的杂书。

获野美穗的著作是她就读于御茶水女子大学期间提交的博士论文。作者长期致力于身体史的研究，该论文是极为出色的研究实践。副标题"关于身体的战争"精彩地证明了女性的身体是微型的政治战场。

1　获野美穗（1945—　），日本历史学者，专攻女性史、社会性别研究。

从书名可知，江原由美子的作品是一部正面出击的论著。作者运用知识分形理论，以具有连贯性的逻辑对表象政治与物质性制度进行说明，用了10年的时光对20世纪90年代女性主义论战留下的问题进行解答，是一般写手终其一生未必能创作出几部的精彩之作。

田间泰子的著书与荻野美穗的一样以堕胎为主题。在女性学诞生之前，未曾有人想过堕胎与谋杀亲生子女居然可以成为社会科学研究的主题。堕胎是在父权政治社会中对女性身体领导权的争夺战，从女性解放运动时代开始就是争论的焦点。田间早在10多年前就以报刊上的报道为对象进行了社会史性质的研究，历时10年终于问世的这部著作远远超过我们的期待。该著作以社会构建主义的语言分析为武器，从堕胎言论自相矛盾与失败的细节入手，一步步让"作为制度的母性爱"无从遁形，论述过程极为精彩。从论点背后，我们也可以看到日本"丧偶式教育"产生了令人毛骨悚然的效果。该著作以日本为研究对象，是一部独具创新的珍贵力作。

充满活力的韩国女性主义

2005 年

我参加了 6 月 19 日至 24 日在首尔召开的第 9 届世界妇女大会。时值盛夏，首尔的会场气氛之热烈也丝毫不逊于暑气，我带着兴奋不已的心情给大家做这份会议报道。

自 1981 年在以色列召开以来，世界妇女大会以每 3 年一届的频率在都柏林、纽约等地召开，今年迎来了第 9 届。全世界超过 3000 名的女性主义者聚集首尔，来自日本的与会者多达200 人。4 天的会期盛况空前。每天从早上 8 点半到傍晚 6 点半，除了全体集会以外，还有 4 个时段数十个分会场的活动同时进行，加上连日的各种夜间宴会，大量的活动简直让人有选择困难症。

这次会议得到了韩国政府、女性部以及首尔市全面的财政支持，获得了大量企业赞助。会场占地面积较大，在会场中来回走动未免挥汗如雨，韩国可口可乐公司提供的会场冰镇饮料畅饮获得了所有与会者的好评。

看到如此情景，日本与会者不禁叹息，如此规模的世界妇女大会在当下的日本能否举办。打着新自由主义旗号的小泉政权和充满性别主义偏见的石原[1]都政府是无论如何都不会为女性运动提供财政支持的。韩国的总统选举采用直接选举，即全民投票大选，各地方政府的首长选举也一样。韩国总统与首尔市长都清楚，没有女性选民的投票是无法在选举中获胜的。

然而现在笼罩在日本大地上的是"性别自由批判"对女性主义攻击的逆袭。有一部分国会议员甚至提出禁止使用"社会性别"一词，禁止大学设置社会性别相关课程，这些发言简直无知愚昧之至。"社会性别"一词已经成为国际标准用语，倘若禁止使用，那日本只会成为世界上的信息过少地区，这也是严重侵害学术自由的"文字狱"行为。

这次会议中，韩国年轻女性志愿者的积极参与令人印象深刻。会议上设置了"年轻女性主义者"（young feminist）论坛，以期加强与外国年轻与会者的交流。年轻人毫不犹豫地自称"女性主义者"，并与社会性别研究的前辈们积极交流。满脸通红地和外国著名研究家交谈辩论的经历一定会对她们今后的人生产生巨大影响。

日本也有年轻的女性主义团体参加了这次会议，这让我觉得有了很强大的依靠。一直以来，我尽量避免把我的学生卷入校外的活动，但在这次会议上，我第一次无比后悔这个决定。到韩国参会的费用差不多就是去冲绳旅游一趟的钱，我把学生带来就

---

1 石原慎太郎（1932— ），日本右翼政治家，1999年至2011年间担任东京都知事。

好了。

　　不知从何时开始，"女性主义"一词在日本带上了贬义色彩，年轻女性都不愿被叫作女性主义者。日本和国际标准实在相去甚远。女性主义告诉我们，相遇能成为自己的力量，能让我们感受到不是独自一人在思考，女性前辈的智慧会薪火相传。我们不能仅仅止步于对韩国的羡慕了。

关于"性别自由"

2006 年

我和东京都知事石原慎太郎吵了一架。

准确地说，这场论战是他找碴儿、我回应了而已，并不是由我挑起的。《每日新闻》2006 年 1 月 10 日的晚报社会版面上刊登了一篇相关报道，使用"有可能使用'性别自由'……""东京都'女性学权威'被拒""国分寺市委托上野千鹤子的演讲""以'见解不合'为理由"等大标题。

国分寺市以东京都委托事业的名义举办了一场人权讲座。主办方之一的市民团体邀请我以"当事人的主权"为题进行演讲，然而该讲座由于东京都政府的干涉被取消了。虽然主办方向我说明了这一经过，但是东京都政府没有给我任何书面文件，几乎都是传闻，这让我无从反驳。直到《每日新闻》的记者采访了东京都教育厅终身学习体育部社会教育科的科长，并将对方的发言写成报道，这才终于让我可以有理有据地辩驳。

据报道，"上野女士是女性学的权威，因此有可能在讲座中使用'性别自由'用语并涉及相关概念。东京都委托事业无法认可这一点"。我并不欢迎"权威"一词，不过我确实是一名女性学研究者。按照东京都的解释，"女性学研究者"就等于"性别自由"（消除社会性别、文化性别的差异）一词的使用者。尽管讲座的主题是人权，无论标题还是内容中都没有出现"性别自由"一词，但都政府仍以"有可能使用"为由取消讲座，真是不胜惶恐。当今社会，从事"社会性别研究"的学者众多，都有可能使用"性别自由"一词。若以此为标准，今后所有的女性学和社会性别研究学的学者都会被东京都社会教育事业拒之门外。

在石原担任东京都知事之前，我就一直参与东京都的社会教育事业，并且取得了实际成绩，现在也仍然有其他地方政府的教育委员会或男女共同参与事业部门邀请我做演讲。所以只有当下的东京都才把我视为"危险人物"吗？

这种情况当然不容忽视。我在 1 月 13 日用"附内容证明挂号信"的方式向东京都知事、东京都教育委员会、国分寺市、国分寺市教育委员会等递交了公开质问信，要求对方明确告知本次事件的责任人与最终决定取消演讲的具体过程，并明示上野不合适作为讲师的判断依据。回答的截止日期为 1 月 31 日。不知是否会有回音。

对于这种论战，估计石原知事会说"与我无关"。取消讲座一事应该是都政府的工作人员揣度都知事的想法所做，在这一时期坐在东京都终身学习体育部社会教育科长位置上的大人物，大概都不知道自己踩了多大的地雷。这位大人物在石原执政之前应该会做出不同的判断，等到石原卸任、政权交替后，也许又会转变态度。虽说我能理解他伴君如伴虎，但此事不仅是我个人的待遇问题。对于已经走向极端的"性别自由批判"，我必须彻底对抗。

同时，我把公开质问信发给了主要媒体，截至目前，《每日新闻》和《NHK 新闻》已经进行了报道，《朝日新闻》与《时事通信》约我采访，连日本的外国特派员协会也已与我接触。敬请各位关注事件的发展趋势。

来自旋涡中心的声音

2006 年

　　我第一次登上了报纸社会版，无他，就是国分寺市的演讲取消事件让我成了旋涡中心的人物，当然现在可不是额手称庆的时候。近来女性主义势力不断被反对派抨击打压，这次国分寺市事件终于让我们抓住了机会反击。反击行动之一就是 2006 年 3 月 25 日召开的"关于社会性别概念"的专题研讨会。会议内容被集结成册，出版了《克服"社会性别"危机——对逆袭的彻底讨论！》（青弓社，2006 年）。我想借此机会依次论述国分寺市事件的经过、评价、背景及前景（按理说，这次事件是由东京都干涉导致，应当叫作"东京都事件"，但依照惯例，后文仍称为"国分寺市事件"）。

1. 经过——多方行动才得见天日的事件

　　国分寺市与东京都共同推进的人权讲座由于都政府的干涉被取消一事，我是在 2005 年秋天听国分寺市民说起才得知的。据说都政府拒绝让上野作为讲师候选人。"人权讲座"以市民参加的形式开展，"讲座筹备会"的成员在获知取消后打算以"东京都的人权意识何去何从"为题举行集会，向东京都提出抗议，为此他们邀请我协助。但此时我的立场十分微妙。

第一，虽说事件名为"讲师取消事件"，但当时我并没有受到任何邀请，我的安排日程也没有受到实际损失。整个讲座计划在讲师候选人提名阶段就已经流产，确切地说，连"取消"都算不上。

第二，国分寺市民提供的消息全是传闻，并没有文件或记录。若我出现在讲座方与东京都工作人员交涉的现场并辩论，那么事情另当别论，照目前这样"他是那么说的""我是这么说的"等空口白话，依照我的经验，最终辩论只会以毫无结果告终。

正当我为找不到决定性的契机而焦躁不安时，2006年1月10日的《每日新闻》上刊登了报道。机会来了！我立刻行动。1月13日我用"附内容证明挂号信"的形式向东京都知事及东京都、国分寺市的相关人员共8人发出公开质问信，并同时发送给各主要媒体。当天我和国分寺市的市民一起接受了《朝日新闻》的采访，《NHK新闻》也对该事进行了报道。之后的情况大家都知道了。

这些行动能够付诸实施，主要有以下几点理由：

首先要归功于国分寺市人权讲座筹备会成员的坚持正道。通常在出现都政府干涉的情况下，最简单的解决方式，要么换讲师，要么将都政府踢出主办团体，使讲座成为独立活动。事实上，国分寺市也向"讲座筹备会"提出妥协方案，提议把系列讲座中的上野演讲会单独列为市的独立活动。但是，筹备会的各位市民否决了这两种方案，并最终选择取消包含上野演讲会在内的所有人权系列讲座，将都政府的不正当干涉公之于众。此举甚为英明。

通常地方政府已经拨出预算的活动如果没有实施，预算就无法被消化，政府会有很大的抵触。不过是一个讲师而已，换一个人就可以照常进行。但是国分寺市民不愿意向都政府妥协，选择坚持正道。事后想想，其实类似的事件到处都在发生。我自己就经历过在确定接受某地方政府主办活动的讲师邀请后，由于上面横加干涉而临时改为由民间团体主办。同样的经历也听其他社会性别研究学者提过。可以想见，还会有更多主办方主动规避，从最开始就没有提名上野做演讲候选人，或即使提出中途也取消了。

更为露骨的政府干涉案例是千代田区主办的松井耶依（已故）的演讲。那次演讲由于区长的横加干涉，在活动即将开始前突然被取消。这还是走到台前的，更多的案例被葬送在幕后。曾经有民间团体邀请我做演讲时说："若是拜托行政出面估计不可能邀请到您，所以我们就自主独立举办了。"也有团体说，如果演讲主题和"参与政治"有关，女性中心就不愿意出借会场，因此"我们借了别的会场，这样就不用顾虑任何人了"。近来听不少一线负责人说起，各地女性中心对议员或上层官员的干涉十分紧张，主动规避也不奇怪。此次国分寺市事件的问题公开化，算是极为罕见的情况。

其次要归功于国分寺市开放的应对。国分寺市不仅市民的生活水平高，市民参与行政的体制也十分完善，社会教育事业中由市民参与筹备会一事就很好地体现了这一点。这次的事件东京都与国分寺市都有责任，我当然对两方都提出了抗议，都方的回答是一篇打着官腔爱答不理的文章，但是国分寺市的回复能够让我感受到他们的遗憾与诚意。市方发文承认取消讲座的错误，不仅给出协调方案，而且配合市民，充当市民与都政府之间的协调人，同意市民到场见证市与都的协商，积极公开信息。这样的行政应对态度十分罕见。

通常，行政办事总是信奉秘密主义，或是和都政府保持步调一致，基本不会把经过逐一告知市民。我原本期待国分寺市与东京都的共同活动今年能再次举办，如果再次出现相同流程，就可以公开所有过程，可惜人权讲座的原定计划是以 3 年为期限的活动，2005 年是最后一期，今年没有新的计划。取而代之的是在市民的推动下，国分寺市将在 2006 年 10 月 21 日独立举办人权讲座，我接受了演讲邀请。虽说没有东京都的参与非常遗憾，但是市民希望的演讲会终于作为国分寺市的行政事业得以实现了。

第三要归功于媒体的行动。任何媒体都是由记者在支撑，每位记者对什么事件能成为新闻、什么更重要，想法都不同。况且还有上司的编辑整理，记者辛苦写成的报道最终无法面世也是很有可能的。我从去年年底就听说有数家报社在追踪报道国分寺市民的动向，但我无法想象具体报道在什么时期以何种方式问世。

在不安与期待中，《每日新闻》刊登了女记者五味香织的报道，事态迅速扩大。

此次事件最初由《每日新闻》报道，颇具象征意义。在并称为全国三大报的《朝日新闻》《每日新闻》《读卖新闻》中，《每日新闻》的衰落非常明显，不过也正因为如此，《每日新闻》才大胆地进行了内部改革。改革内容之一就是学习海外报社，刊登记者署名的报道，打破了报社作为社会喉舌公平中立的神话，记者的个性登上正面的舞台。虽然听闻因经营危机削减了人员配置，相比其他报社工作更为紧张繁重，工资也绝非优渥，不过从另一个角度来说，报社内部的氛围变得十分开明。一位我研究会的毕业生在认真比较了各报社的情况之后，选择加入每日新闻社工作。我认为她对每日新闻社在大媒体中相对限制最少、工作最为自由的判断十分正确。署名报道无关经验与年龄，我这位学生在进报社的第一年就在报纸上刊登了有自己照片和姓名的报道。

五味香织也是写署名报道的记者之一。事件在《每日新闻》见报后，《朝日新闻》立川支局的记者也立刻做出反应。《朝日新闻》的记者其实早就在追踪本次事件了，结果被《每日新闻》抢先，因此十分懊恼。三大报中唯一没有报道国分寺市事件的只有《读卖新闻》。全国发行量最大的《读卖新闻》已经沦为以修改宪法为报社方针的保守派媒体。

五味记者独自进行都政府采访，得到了东京都教育厅终身学习体育部社会教育科科长船仓正实的发言："上野女士是女性学的权威，因此有可能在讲座中使用'性别自由'用语并涉及相关概念。"该发言刊登在公众媒体上，有着非常大的意义。我也由此获得了不可动摇的证据，得以引用与反驳。报道见报后，船仓没有提出修正或抗议，说明船仓认可该发言为事实。

　　没有以上这一系列的行动，本次事件不可能为公众所知，我也无法做出任何动作。因此我想将此过程明确地记录下来。我通过这次事件深刻领悟到，行政也好媒体也罢，都是由一个个具体的负责人构成的。特别是本次东京都政府官员的对应，发人深省。我受某杂志社邀请写的《官员所在之处》（因故没有发表，收录于本书下一节）中也写到，我之所以公开相关人士的姓名，是因为我认为应当明确组织中担任负责职位的个人职责。权力是由在位的个人行使的。虽说是都政府一介小官员对国分寺市社会教育事业的判断，石原慎太郎都知事并不会直接参与，但都政府官员对女性行政的态度在最近数年，说得更明确一些，在石原担任都知事之后发生了巨大变化，这是有目共睹的。

　　在石原执政之前没有发生过类似事件，而我本身也一直担任东京都女性广场的讲师。然而石原执政后，我似乎成为东京都的"危险人物"。按理说，都政府的行政官员在石原上台前就已经在位了，那么显然他们在石原执政后揣度首长意向、采取了迎合的态度。这种追随者在行使权力时，往往比当权者本人更过分。因此我觉得有必要让他们意识到自己的所作所为。这些人在石原下台后还会继续在岗位上工作，下次他们又会追随何人呢？

2. 评价——逆袭带来的反论效果

我向东京都与国分寺市提交公开质问信是在 2006 年 1 月 13 日，事态在那之后迅速扩大。若桑绿[1] 主动提出起草抗议信，随后不断有赞同者加入，开始了签名运动。分散在全国各地的 5 位支持者充分发挥网络优势，连夜进行签名和收集统计。在既无秘书处又无资金的情况下，短短 3 天就收集到了 1808 个抗议签名。若桑女士等倡议者及将近 2000 名支持者的共同意志能在如此短时间内形成，其意义之重大，无论如何强调都不为过。

1 月 27 日，向都政府提出抗议后，在都政府记者俱乐部召开了记者招待会。针对记者对抗议原因的提问，若桑女士回答说："为了不让上野女士被孤立。"这令我非常感动。我属于毁誉褒贬、非常极端的人，即使在女性主义者内部也是支持与批判都有。女性主义不追求唯一答案，不畏惧彼此争论，因此充满活力，这在日本是极为稀有的。日本的女性主义既没有全国性的组织，也没有所谓的主流派，当然也不存在明确的指挥组织。"女性主义者"作为一个自我主动申报的名称，任何人自称"女性主义者"都不会出现正统与异端之争，当然也就没有除名、惩罚或肃清，是一个不可思议的思想团体。逆袭势力要想攻击这样的思

---

1 若桑绿（1935—2007），日本美术史学者，专业为西洋美术史、社会性别史、社会性别文化论。

想团体应该是相当棘手的。我不认为这种特征是日本女性主义的弱点，但这样的思想团体确实很难发起有组织的行动。

但在"对东京都进行抗议"一事上，女性主义者团结了起来。这可以称为单一议题政治——即使在其他问题上有各种分歧，但在一点上达成一致时可以团结一致的政治形式。事实上在这次行动中，也有人提出"我未必完全赞成上野女士的想法，但是向东京都抗议是必需的"。这种思想十分健全。相比之下，对抗势力的力量一直受到大幅度的削弱，原因就在于他们奉行的僵硬的教条主义要求意识形态、形势分析、战略战术必须完全统一，之后才能付诸行动。

本次事件的另一个成果是3月25日集会的成功。在准备时间极短的情况下，全国各地将近300人参会并进行了热烈讨论，证明有很多人在期待这样一个舞台。而且，与会者虽然同属女性主义阵营，但此前并无接触，研究者、活动家、教育界人士和政界人士跨出各自的领域齐聚一堂，这本身就意义重大。在会议中，与会者了解到彼此对社会性别概念的理解不尽相同，对抗"性别自由批判"的热度也有差异，但互相了解与理解是通往团结的阶梯。有观察家讽刺说，本次逆袭势力的行动反而为原本彼此没有接触的女性主义诸方的团结一致做出了贡献。

一直以来，女性主义者内部有不少人对"性别自由批判"非常不快，即使明确宣称不会像我一样使用"性别自由"一词、不积极拥护"性别自由"的人，也一直希望能有效地对抗逆袭势力。本次事件终于提供了反击的机会。以此为契机，《跨越"社会性别"危机》（若桑绿等主编，青弓社，2006年）、《逆袭!》（双风舍编辑部编，双风舍，2006年）、《Q&A男女共同参与/性别自由批判——对逆袭的彻底反驳》（日本女性学会社会性别研究会编，明石书店，2006年）、《性别自由纠纷——批判现象验证》（木村凉子编，白泽社，2005年）陆续出版了，这些书籍对逆袭势力嗤之以鼻，是缺乏资金与组织能力的女性主义者顽强斗争的成果。虽然福井县女性中心图书室爆出了抵制社会性别研究书籍事件，但我衷心希望各地的女性中心图书室能够购买并上架上述书籍，将之作为见证当下女性主义的珍贵历史资料。

3. 背景——根深蒂固的逆袭势力

逆袭势力的攻击目标并非仅针对"性别自由"或"过激的性教育"。若桑女士在3月25日集会上做报告时分发的资料中附上了一份1990年后逆袭势力的年表，从中可以看到短短数十年间发生的事件数量惊人且互相纠葛。逆袭势力根深蒂固。新历史教科书、慰安妇、国旗国歌、宪法第9条、天皇制、朝鲜绑架日本人问题、朝鲜批判……每个问题都有逆袭势力的参与。如此说来，国旗国歌法案竟会在1999年的《男女共同参与社会基本法》全票通过的国会上通过，也就可以理解了。同时，也可以推测当时的逆袭势力对女性主义的力量是多么不屑一顾。

当时的社会大环境面临苏联解体、冷战终结、泡沫经济崩溃与长期萧条、全球化趋势下社会不安的增加与日本社会自信的丧失、就业不稳定与贫富差距加大、少子高龄化加剧等，跟不上这些变化的人日趋保守，甚至走向反动。对这些背景情况有不少论述，我也发表过文章（双风舍编辑部编《逆袭！》，2006 年），敬请参考。

保守势力与逆袭势力的一大区别在于，逆袭势力就其主张来说是保护国家与家庭的道德多数派，然而却自认为自己是被逼入危机状态的社会少数派。保守势力为了保护自己的既得权利只是选择"什么都不做"，但逆袭势力在既得权利面临危机时，会不顾一切地发起反击，甚至在自己所处的优势地位受到威胁时会无端浦起激愤之情。在美国就发生讨反堕胎派信徒枪击堕胎诊所、造成人员伤亡的事件，谁都无法保证日本逆袭势力的攻击不带有暴力性，事实上，逆袭势力的言论就已经非常暴力了。女性通过家庭暴力等早已学习到暴力是无可争议的强制力，是强迫自己讨厌的对象保持沉默的力量。正因为如此，我们更不能沉默。

4. 预测——我们无暇绝望

本小节名称虽为"预测"，然而我并非预言家，也无法做出特别的预测。事态有可能变得更严重，也有可能我们会通过反击成功地阻止逆袭势力。预言的命运通常是不中，如若不中，做出预言的人就会出丑，那还不如不做预言。

可以确定的是，历史有可能进一步、退两步。逆袭势力的既得权利并不安泰，女性主义者获得的成果也并非坚如磐石。历史教训告诉我们一旦得到必须细心维护，否则将难以为继。况且周遭的环境也是瞬息万变的。当下的我们为了推进运动，必须要将网络等社交媒体列入考虑范围，网络影响下的新型社交模式也会左右运动的模式。保守势力无法避免全球化的影响，与之对抗的我们同样也无法把行动限制在国内。每个人都必须在考虑各种前所未有的因素与行为的同时做出相应的判断或决定，哪怕该判断或决定有可能是错误的。因此，女性主义者在行动时必须比以往更谨慎、智慧。

逆袭势力在不断学习市民运动的语言与手法。请愿、游说、签名活动、市民参与……甚至将变革的理论武器——结构主义——都吸收为己用。当然，这些方法和理论本身并没错，作为工具，变革方能用，逆袭势力也能用。既然如此，我们能够做也必须做的就只有以下两点：

第一，在方法和语言上永远领先逆袭势力，做到先发制人。这个社会不存在可以让我们安心喘息的状态，若不前进，总有一天会被保守势力赶上，导致自身的腐化。我们必须意识到我们永远处于变化之中。

第二，对逆袭势力的每一次攻击，都必须立刻当场采取对抗手段，哪怕只是像打地鼠一样，表面上看似徒劳无功。若非如此，不但以往获得的成果有可能从根本上被铲除或窃取，而且会在不知不觉间受到逆袭势力的侵蚀。逆袭势力在政治上、行政上都喜欢高呼口号，这导致他们看上去比实际要强大得多，而害怕犯错的官僚和决定"不作为"的中间派往往会倒向声音叫得更响的一方。一旦逆袭势力席卷多数人并一举改变潮流的导向，再要对抗就会变得非常困难。因此，我们必须在事态恶化之前，一一阻止逆袭势力的所有攻击，明确表示出不容他们恣意妄为的态度。

不仅是这次国分寺市事件，短短一两年间我们采取了一系列行动。例如针对去年鹿儿岛县议会议员吉野正二郎（自民党）在议会上不当发言的抗议活动；针对福井县女性中心开架图书室决定将 153 册社会性别相关书籍下架的抗议活动（并最终得以恢复原状）；针对千叶县议会否决女性中心设置条例案的抗议；对高桥史郎（原"新教科书编著会"副会长）出任东京都男女平等参与社会审议会委员表示担忧等。其中一部分行动取得了切实成果。一直以来，女性主义者不断发声，今后也会继续发出"不谐和音"。我们不怕争论，但是无暇在内部彼此敌对、彼此厮杀。

每当我们面临这样的问题，我都会想起一位亚洲的女性主义者说过的话：

——我们无暇绝望。

官员所在之处

2006 年

东京都教育厅终身学习体育部社会教育科科长船仓正实、同科人权学习负责人森川一郎、同部主任社会教育主事（副参事）江上真一，以上 3 名于 2005 年至 2006 年间在任。

我对以上 3 位并无私人恩怨，3 位只是因为在这一时期坐在这个职位上而踩了地雷，他们恐怕还不知道自己踩的这个地雷威力有多大。

这个地雷就是国分寺市拒绝讲师事件。事件已见诸报端，为了尚不清楚的各位，我再说明一下。2005 年，国分寺市在与东京都共同举办的公共事业中计划举办人权讲座，并邀请我担任讲师，主题是"当事人主权"。当负责人向都政府咨询讲座费用时，对方以"有可能使用'性别自由'用语"为由拒绝上野参加，最终导致整个讲座被取消。

由于事件的根源不在国分寺市而在东京都，接下来以"东京都事件"称之。

我于 1 月 13 日以"附内容证明挂号信"的形式就此事发出公开质问信，进行抗议。仅仅因为我是女性学研究者，就以"有可能使用"性别自由用语为由抵制我参加，这是言论统治、思想统治，是不可原谅的行为。公开信发出后，全国的女性学者、社会性别研究学者、行政及教育相关人员立即响应，短时间内收集了1808个签名，1月27日由若桑绿为代表的几位召集者前往都政府递交了联名抗议信。

3月25日，社会性别研究相关人士齐聚一堂，召开了"'社会性别'概念讨论会"，会议气氛非常热烈。

此次事件中有诸多行动者参与其中。

首先是坚持正道的"讲座筹备会"市民成员抵抗东京都的介入，拒绝更换讲师，否决了国分寺市提出的妥协方案。他们组建"东京都人权意识思考会"向东京都提出抗议。正因为他们的这些行动，此次事件才得以暴露在公众面前。

其次是国分寺市政府的职员一直以来积极与市民沟通协作，尊重市民意向，在此次事件中也多次与市民协商，与都政府的交涉过程也做到了信息公开。

第三是报社记者的积极行动。1月10日《每日新闻》刊登了都政府官员船仓正实的发言，由此我才得以引用与反驳。此类发言在作为社会喉舌的报刊上登载，意义重大。

仔细想想，类似事件在全国各地应该都有发生，只是有很多在不为人知的情况下被悄悄抹杀了。我自己就遇到过几例。曾有地方政府主办的社会教育事业邀请我做演讲，当地保守派议员得知后横加干涉，结果政府临时退出主办团体。临时接手主办的民间团体恳切地请求我继续出席，考虑到被夹在中间左右为难的负责人之苦，我还是按原计划参加了活动。在会场上行政负责人对我面露愧色。相似的情形，我的其他同事也遇到过。

这样看来，似乎可以说文章开头列出的那3位只是偏偏在这一时期坐在这个职位上，真是太不走运了？

不过，我希望大家能想象一下，如果是自己在同一时期站在了同一立场，你们会怎么做呢？他们在石原上台前就已经是都政府的职员，估计石原下台后（从石原都知事的年龄判断，应该不会长期执政）也会继续在任。石原执政之前，东京都的福利行政事业在全国属于先进行列，都政府官员中有被称为王牌职员的优秀官员，即使最高执政者都知事无能，都政府在这些优秀官员的努力下也得以维系。然而石原出任都知事后打着行政改革的旗号，命令解散"东京女性财团"，福利行政被迫倒退，都立学校内的性教育遭到干涉，国旗国歌强制令导致每逢毕业典礼就不断出现遭到处分的教师。这样的地方政府在全国都是绝无仅有的。

经历过石原前时期与石原时期的都政府官员对此变化会做出何种反应，而后石原时期的他们是否又会迅速做出改变以适应新的政权？我之所以特地在开篇列出实名，就是想强调政府官员处于行使公共权力的位置上，其个人的作为或不作为会引发实际上的加害或被害。政治的实施在于个人。让我们一起关注这些一举成名的人物今后的动向吧。

抗击逆袭

2006 年

　　"性别自由批判"发展到现如今的这般政治影响力，我无比懊悔当初行政颁布通告禁止使用"性别自由"一词时，没有提高警惕，抱有更强烈的危机感。千里之堤溃于蚁穴。即便我自己并不完全赞同"性别自由"，但对这般有可能导致思想统治的"文字狱"行为，也应当更加严厉抵制才对。

　　自石原慎太郎出任都知事以来，"东京女性财团"被迫解散，都教育委员会发布禁止使用"性别自由"一词的通告，七生养护学校的性教育实践课程成为批判对象，国旗国歌问题导致大量教师受到处分，还有我自己遭遇的因东京都干涉导致国分寺市拒绝讲师事件。所有这些事件的根源都在于逆袭势力的疯狂攻击。他们有组织、有资金、有实践知识，战略战术也从市民运动中学了不少。何况他们的对手的弱点在于，即使在运动中也很难达成一致意见，这令他们有机可乘。

　　人们总是容易做出错误的预测、错误的判断。历史总是进一步、退两步，永远不会直线前进。已经获得的成果并不会成为既得权利而受到保护。因此我们必须更敏锐地接受各方信息，充分运用我们的智慧，应对一切可能的变化。

对"社会性别"的干涉

2006 年

日本各地对男女共同参与政策的抵制愈演愈烈。

2006 年 1 月，我被推荐为国分寺市人权讲座讲师，东京都以"有可能使用'性别自由'用语"为理由横加干涉。3 月，千叶县议会否决了设置县女性中心的条例案，导致同县内的 3 处女性中心停止运营。4 月爆出福井县书籍下架事件……

福井县事件的具体情况是，县生活学习馆"You·I 福井"决定撤下书架上的 153 册有关社会性别的书籍。其中我的书（含多人合著在内）共有 17 册。向政府抗议后，书籍虽然回到了书架上，但关于书籍清单公开等后续问题，福井县仍一直处于脱轨游走的状态。

自民党在 2005 年组建了"过激的性教育、性别自由教育实情调查项目组"。当时尚未就任内阁秘书长的安倍晋三担任组长，现任男女共同参与、负责少子化的政务官山谷惠理子[1]担任秘书处长。据说项目组从全国各地收集到了 3500 件案例，然而其中

1　山谷惠理子（1950— ），日本参议员、国家公安委员长。

大部分都是证据薄弱的传闻。内阁以此为根据发布了禁用"性别自由"的通告，最后竟要求删除"社会性别"一词。山谷甚至主张"无偿劳动"和"家族经营协定"也属于不当用语。"家族经营协定"是农村家庭中的儿媳要求对自己的无偿劳动进行的经济评价，这难道不是战后各地农村开展的家庭民主化运动的目标吗？

第20届日本学术会议[1]设置了"学术与社会性别"课题特别委员会，对已在世界范围内确立了学术地位的"社会性别"一词受到政治干涉的问题加强警戒。

还有部分地区出现要求废除《男女共同参与社会基本法》的动向。该基本法于1999年在国会上获得全票通过，法案序言中有"这是21世纪决定我国社会的最重要课题"，但仅短短数年之后便出现这波反复，到底是怎么回事？

小泉纯一郎卸任后的自民党主席选举可以说是安倍晋三一枝独秀。他参拜靖国神社等鹰派态度成为舆论焦点，而对他这种政治态度心存忧虑的不只是在外交领域。在安倍受到女性欢迎的温和表象背后，是他充满保守意识的家庭观念。被称为安倍大脑的中西辉政[2]、八木秀次[3]、西冈力[4]等人都是保守派论坛杂志的常客，同时也是推进国旗国歌法案、编纂否认慰安妇存在的《新历史教

1　日本科学学术研究者代表性机构，隶属内阁。每3年为一届，第20届为2006年至2008年。

2　中西辉政（1947—　　），日本政治学家、历史学家、京都大学名誉教授。

3　八木秀次（1962—　　），日本法学家、"新历史教科书编纂会"第3代会长。

4　西冈力（1956—　　），日本现代朝鲜研究者、丽泽大学客座教授。

科书》的相关人士。

这 30 年来，女性所处的环境有了大幅度的改善。上大学读书、进企业工作，已成为当今的年轻女性人生中理所当然的选项，结婚之后也不会被强迫辞职，若是受到性骚扰也可以拥有告发的权利。这些都是女性前辈们艰苦斗争得来的。虽说已经成为既得权利，但若不继续斗争、守护也会轻易失去。这个社会并不是所有人都乐意看到女性精神饱满的样子的。

一想到"女人滚回厨房去"的时代还有可能再次到来，就不得不由衷地希望大家不要忘记，"社会性别"是这届自民党主席选举中的另一个重要焦点。

逆袭势力抨击的大本营是"社会性别"

2006 年

书籍下架的第一报出自右翼媒体

福井县书籍下架事件最初是在 2006 年 4 月 28 日的《世界日报》上报道的。该报据说与统一教会[1]有关联。报社可能认为该事件的报道是他们的一大战果，但若非有这篇报道，事件可能就被葬送在黑暗之中。得知此事的福井县敦贺市议会议员今大地晴美在询问后，证实书籍于 5 月 2 日下架一事是事实。

今大地议员随即与 3 位同志联名要求信息公开，并于 11 日提交抗议信，提出居民监查请求。对属于公共财产的 153 册书籍从公开场所撤下一事提出书籍价值总额的返还要求。

对此，福井县声称"并非下架，只是移动"。然而有人亲眼见到下架的书籍被装入纸箱扔在办公室。而后相关人士又称收到投诉，需要对书籍进行审查，然而也没有看到审查的迹象。后又以需要审核是否有侵犯人权问题为由搁置许久后，终于完全恢复上架状态。

---

1 指世界基督教统一圣灵协会（Holy Spirit Association for Unification of World Christianity）。1945 年创办于韩国的基督教新兴教派组织，后被判为异端教派。

由此，以今大地议员为首，我也联名提出要求信息公开。得到的结果是，7月7日我们收到"部分公文公开处理决定通知书"和包含被涂黑的153册书籍的清单。清单以"有恐侵害（清单制作人）个人权益及（作者等）经营方权利"为由，决定将相关书籍名称、作者名称、出版社名称等涂黑后再行公开。

行政诉讼与脱轨游走的福井县

我们因为权利受到侵害而要求信息公开以守护自己的权利，对方却以"有恐侵害权利"为由拒绝公开，简直是驴唇不对马嘴。据福井县解释，制作该清单的人是被任命为男女共同参与推进委员的一位县民，这么做是为了保护该男性的思想、信条等不被识别，个人隐私不受侵犯。这种借口实在是莫名其妙。

我决定以错误解释与使用信息公开条例为由提起诉讼，要求取消信息非公开处理。我拜托寺町知正 [1] 为代表进行诉讼。寺町知正是岐阜县民网的代表，曾经揭发过岐阜县非法资金问题，参与数十起行政诉讼并几乎都获得胜诉。他做事稳健，顺利地准备好诉讼所需的书面文件。他根据《世界日报》报道所披露的下架书籍名单，联系各位作者或编纂者，最终组建了包括我在内共20人的原告团，并向媒体公布将于8月26日提起诉讼。

1　寺町知正（1953—　），日本政治家、"生活、自然、生命——岐阜县民网"代表。

福井县得到这一消息后，迅速推翻之前的决定，表示将于8月11日公开153册书籍的清单。县方给出的改变决定的理由是清单制作者同意公开。这个理由同样是对信息公开条例的不当使用，因为信息是否公开的决定权应属于县知事，不容一介县民的意见左右。

既然目的达到了，我们决定不再提起诉讼，不过仍然在8月26日召开了抗议集会。8月26日原先的计划是上午向福井县地方法院提起诉讼，下午召开起诉集会。现在既然预期的目的达到了，集会主题就改为针对福井县政府对信息公开条例的错误解释与使用问题、对书籍下架和审查行为的抗议。

制作下架书籍清单的那位男性也到场参加了集会。他事先主动提出要在会上发言，当天他带着4个同伙一共5个大男人来到会场大放厥词。他要求"让我和上野直接讨论"，我方提出"这是我们主办的集会，请遵守我们的规定"，所有要求发言的人必须平等地在规定时间内发言。我在会场上提出"要想对话，首先要道歉"。既然是你侵犯了我的权利，对话当然要在道歉之后。话音刚落就听到几个男人的起哄声。

福井县书籍事件可以回溯到2005年11月

本次事件的发生地"福井县生活学习馆"同时兼有女性中

心（男女共同参与中心）的功能。该馆正式下架书籍是在今年3月下旬，临近前馆长任期届满。趁着当时的馆长政野澄子出差不在馆内，福井县男女共同参与推进科科长宇野真理子指示现场的员工撤走了书籍。据说政野澄子在卸任之后才得知此事，勃然大怒。定池莉由子从4月起被任命为新馆长，据说新馆长也是在《世界日报》报道后市民开始抗议才得知下架事实。如果没有抗议行动，被装入纸箱的书籍不知会是何种下场。

据说制作下架书籍清单的那个人很早前就拿着清单反复去现场纠缠馆内职员，要求撤下"不妥当"的书籍。此前，职员一直予以拒绝，直到3月突然在县政府科长的决定下才执行了命令。

早在去年11月，福井县议会上就有保守派议员表示学习馆上架的书中"放有内容过激的书籍"，并直接把由我和信田佐世子[1]合著的《结婚帝国　女性人生中的歧路》（讲谈社，2004年）一书作为攻击对象。可以推测，这次书籍下架事件的背后有来自议员的压力。

在我们开始动作的同一时期，福井县其他民间团体也纷纷行动。女性团体"I女性会议福井"在6月7日就此事举行抗议集会，市民申诉员福井也向福井县知事提交了质问信，要求知事对书籍事件的整个过程尽到说明的责任。

8月26日抗议集会后，约80名与会者联名向福井县提交了

1　信田佐世子（1946—　），日本临床心理学家、女性主义者。

基于《福井县男女共同参与推进条例》的"投诉书"，要求说明整个事件过程，并抗议公务员没有遵循法律采取妥当的行动。而后据《世界日报》报道，反对势力也集结了县内外114人，联名提交了"投诉书"，要求"对重新上架的书籍再次进行内容审查"。敌人居然模仿市民运动的实践手法，也是精明能干了（笑）。于是福井县等于收到了正反双方的投诉，不得不做出一定的对应。事件还没完。

公开的书籍清单是153册，但是书籍编号已经到了800多。不久后，我们又得知还有追加清单37册。那37册虽说没有被撤下，但我们在要求信息公开后看到了这份清单，合计190册。可以推测，原先的清单应当有800余册，从中先抽出153册试探，福井县政府的应对虽说有点半途而废，但一开始的成功让对方尝到了甜头，所以又搞出了追加清单。

逆袭势力可能估计这种方式在福井县顺利实施后可以推广到所有地方政府。从这个意义上来说，我们在福井县阻止对方的单点攻击成果巨大。

有关这次事件，《世界日报》以5期连载的形式刊登了记者鸭野守的署名报道。鸭野在文章中引用了我过去的发言：

（上野）曾经写道"害怕犯错的官僚和决定'不作为'的中间派往往会倒向声音叫得更响的一方"，从这次福井县社会性别书籍下架事件及之后福井县的应对方式来看，这句话实在是再贴切不过了。

居然获得了敌人的认可，作者实在是个淘气可爱的人呢（笑）。

保守派在《男女共同参与社会基本法》实施后的动向

从 2000 年左右开始，社会上就出现了逆袭现象，可惜回想起来我当初没有那么强烈的危机感。1997 年"新历史教科书编纂会"成立，逆袭运动从那时起就已经有动作了，但当时他们的目标是慰安妇等历史认识问题，还没有出现针对性别自由的批判。

然而奇怪的是，1999 年《男女共同参与社会基本法》在国会审议时竟获得全票通过，其中当然也包括议员安倍晋三。同一届国会上也通过了国旗国歌法案，随后东京都教育委员会以此为根据发布通告，要求公立学校在学校活动时必须升国旗唱国歌。

在性别自由批判出现之初，我想到的是"女性主义终于拥有了不容忽视的力量"。之前几乎都被视而不见，现在多少闹一闹也还不错。

但是我没有想到事态会愈演愈烈，自民党内组建了"过激的性教育、性别自由教育实情调查项目组"，由安倍晋三担任组长，山谷惠理子担任秘书处长。项目组从全国各地搜集拼凑了 3500 件真真假假、道听途说的"实情"，并根据如此薄弱的信息，让内阁府男女共同参与局秘书处发布了"不宜使用'性别自由'"的通知。

全国范围内对性别自由批判最为激烈的是东京都。自从1999年石原慎太郎担任都知事之后，不断任命保守派人员担任政府要员。教育委员会的米长邦雄（象棋棋手）就是一例。今年又任命原"新历史教科书编纂会"副会长高桥史郎担任男女平等参与审议会委员。另外，石原执政第一任时就命令解散"东京女性财团"，对我们也是一大打击。

估计保守派对自己在1999年稀里糊涂地让《男女共同参与社会基本法》通过很是后悔。同样，1997年通过的《介护保险法》可能也让保守派后悔不已，因此对护理保险问题的逆袭也正在悄然兴起，不过介护保险在今天已经扎根社会，想要以此为攻击目标有可能导致自己政治生命的终结。

《男女共同参与社会基本法》中有一项条款是"地方公共团体的责任与义务"，意为各地方自治体应当努力以基本法为准制定地方条例，由此掀起各地制定条例的热潮。现在，这些地方条例成为我们与逆袭派之间拔河的赛场。

安倍政权下民间保守势力的兴起

逆袭派的中坚力量中也是各色人等都有。不同于以往的保守大叔，被称为网络博客派的新保守势力多为在地方议会上发表反动言论的四五十岁男性。他们多来自青年工商会议所，是地方上的年轻领导，即所谓的民间保守派。他们虽然年龄不大，但都是社会性别意识十分保守、不希望女性"出风头"的人。女性力量的增长已经超过他们的想象，因此他们不容许出现再进一步的增长。

小泉的新自由主义政权与男女共同参与政策联手后，"女性劳动力化"成为新自由主义的目标之一，这对保守派来说是一大"不幸"。因此在小泉政权时期，民间保守势力处于屏息蛰伏的状态。

安倍晋三就任时提出"我的使命是修复保守派的裂痕，让民间保守派更为组织化"。安倍内阁就是日本版的新保守主义（Neoconservatism）政权，和布什政权一样把国家主义和家庭主义捆绑在一起。新保守主义以"家庭是国家的基础""守卫家庭与国家"为口号，提出禁止进行不适合孩子发育阶段的性教育，是支持社会传统价值与伦理观的多数派。蛰伏了6年，等待小泉政权台风过境的民间保守派蠢蠢欲动了。

我在20世纪90年代曾受邀参加地方青年会议所主办的集会。在集会后的酒会上，"大哥哥"们有模有样地说着"青年会议所也必须推进男女共同参与呢"。这番话出现在有一群陪酒女的宴会上也真是"妙不可言"（笑）。他们披着"大哥哥"的外皮，内里却是个大叔。但不管怎么说，在那个年代，他们还会说着漂亮话，邀请着像我这样的女性。在集会上，我如果没有看到女性会员的身影，就会问"有女性会员吗"，而通常得到的回答是"是啊，必须要再招募一些女会员的"。会员的夫人倒是出现在会场之中。

当初危机意识不足

今年1月，男女共同参与局向各县市男女共同参与科发出禁止使用"性别自由"用语的催促令。我们虽然进行了抵抗，但最终结果令人遗憾。猪口邦子[1]（前内阁府负责少子化问题、男女共同参与问题的大臣）在我们的抵抗运动中出了不少力。她在桥本政权时期参与了行政机构改革，是将当时软弱无力的总理府升格为内阁府的一大功臣，也是强烈主张在内阁府之下设置男女共同参与局的委员之一。该主张获得了时任首相桥本龙太郎的支持。

对于安倍政权及其相关人士来说，现在的男女共同参与政策是自己所属党派的老政权留下的烂摊子。大泽真理作为这个烂摊子的始作俑者之一，成为逆袭势力的攻击目标。逆袭派号称大泽是策划《男女共同参与社会基本法》的幕后黑手，其理论支持来自上野千鹤子。这对大泽女士未免太过失礼。我从未被邀请参加

---

1 猪口邦子（1952— ），日本知名外交官、政治家、国际关系学家。

任何政府的审议会，这种说法实在是寻衅滋事。

其实我以前没有使用过"性别自由"一词。使用该词汇的主要是政府与教育界相关人士。"性别自由"是日式译词，并不是世界公认的说法，阅读外国文献并与海外社会性别研究者有交流的人不会使用这种说法。但必须承认"性别自由"已经在社会上得到了一定普及，也取得了一定功绩，即使自己不用，我也没有理由反对他人使用。

在"性别自由批判"兴起之初，由于本身没有使用该词，所以我觉得无关痛痒。我甚至想过，既然如此，干脆使用反对势力最讨厌的"男女平等"就好了。但即便自己不用，当时的我也不应该放任政府对语言的统治，这是我必须反省的。

让逆袭势力气焰嚣张的重要事件是 2004 年 8 月都政府教育委员会发布的禁止使用"性别自由"通告与 2006 年 1 月内阁府发布的"不宜使用"通知。国家权力阻止民众使用在运动中产生的词汇，这属于对思想言论的统治。当初我应当对此抱有更强的危机意识并与之对抗才对。

最终目标是废除《男女共同参与社会基本法》与修改宪法第24条

最近安倍晋三与山谷惠理子声称造成"性别自由"混乱的元

凶是"社会性别"，因此"社会性别"一词也应当禁止使用。社会性别学会相关人士对政治干涉"社会性别"一词的危机意识正在不断提高。"社会性别"是已经在国际上被认可的学术用语。若政治势力加以干涉，那不仅日本会成为世界的笑柄，而且会对学术研究的发展造成显著的障碍。也许是我对敌人做出了过高的评价，以为他们不至于愚蠢到把"性别自由"和"社会性别"混为一谈（笑）。原来，敌人攻击的大本营一直是"社会性别"。

逆袭势力的最终目标应当是废除《男女共同参与社会基本法》。安倍晋三在他的首相竞选宣言中也提出当选后会修改宪法第24条（两性平等）。安倍在女性中似乎颇受欢迎，但女性应当更为清晰地认识到安倍政权的危险性。

筑波未来市人权讲座的取消与对社会性别的攻击

2008 年

受到街头宣传抗议后做出的取消决定

事件发生于 2008 年 1 月 16 日的上午。

茨城县筑波未来市原定于 1 月 20 日举办一场以家庭暴力为主题的男女共同参与事业讲座。由平川和子（东京女性主义疗愈中心所长）担任主讲，标题是"难道只要自己忍耐就好吗？——对家庭暴力受害的了解与支援现状"。然而日期临近之时，筑波未来市突然决定取消讲座。

1 月 4 日，一个自称是"防止家庭暴力法受害家庭支援会"的团体向筑波未来市提交了取消讲座的请愿书，并发起抗议行动。随后，11 日"目标恢复主权会"的代表西村修平等数名民族派活动家前往筑波未来市政府，直接找到活动负责人，诽谤中伤讲师平川和子，称平川为"思想偏激的讲师"，逼迫负责人"保证反对派的发言机会，如果做不到就取消演讲"。16 日刚刚在市政府门前进行了演讲活动的街头宣传，没想到就在同一天又做出取消演讲的决定，并通知了平川。我们事后向市政府确认，得知这是市长的决定。

这一情况在网上扩散，人们逐渐认识到事态的严重性。

其一，如果官方活动能因极少数人的恐吓而取消，那么今后很有可能还会出现类似事件。本次事件已是荒谬绝伦，何况今后还有可能会波及其他地方政府。

其二，演讲主题是"防止家庭暴力法"。1月11日恰逢去年再次修正的防止家庭暴力法案实施，再次修正的要点有二：一是指明今后对家暴受害者的支援将以市町村为据点进行；二是在确保家暴受害者安全的基础上，加上了确保其家人及支援者安全的条款。该法律实施之时，举办的演讲活动居然屈服于如此简单的暴力恐吓，这将从根源上动摇人们对负责支援受害者的地方政府的信任。谁还会认为受害者会向这样的政府寻求支援呢？

向"屈服于暴力"的筑波未来市提出抗议

关于家暴受害者的支援，全国女性避难网的成员从很早以前就在各地进行各种活动，一直蓄力至今。他们因此次事件产生了强烈的危机意识，担心今后还会发生类似事件。他们认为对此不能容忍，必须发起抗议行动。

成员立刻起草抗议信，并与平川和子取得联系。平川在给筑波未来市的意见声明中指出市政府"屈服于暴力"。我也引用了该文，以"本应负责保护受害者不受暴力伤害的地方，政府不应屈服于少数暴力"为主题起草了抗议信，并在1月21日至28日的1周内发起网上签名运动。两年前我参与的"国分寺市事件"中的实践经验在此次起到了作用。短短1周内，我们收集到了2621个签名。

我参与这次抗议行动有两大理由。作为国分寺市事件的当事人，我希望对这次被置于相同立场上的平川女士予以支持。另外，在国分寺市事件中作为支援者核心力量的若桑绿女士在那之后不幸身故。我觉得她若是还活着，一定也会在这次活动中做出同样的行动。若桑女士用了短短3天就在东京都收集到了1808个签名，她当时说"我们不能让上野女士孤立无援"。我也抱着不能让平川女士孤立无援的想法，在这次事件中与平川携手，全力支持她。平川女士以2月1日为回答期限，向筑波未来市市长提交了公开质问信。

2月1日，我们带着联名抗议信前往筑波未来市。市长没有露面，我们将抗议信交给前来接待的总务部部长海老原茂和秘书广闻科科长森胜巳二人，要求"承认取消演讲是错误的判断，并再次举办平川女士讲座"。在交涉之初，对方说关于今后是否再次举办讲座"尚在讨论中"，但在我们的追问下，对方承认"讨论尚未开始，今后将会进行"。结果我们在当天获得的信息只有3点：取消演讲是市长的决定，演讲是否再次举办将在今后讨论，以及讨论结果将会通知我们。

当天与我们同行的还有以长田满江女士为代表的筑波未来市

当地的女性团体成员。在听说此次事件后，她们也发起了集体签名活动。长田表示"作为当地居民，我们无比羞愧。筑波未来市的'未来'之名将为此哭泣"。

溢出效应下的长冈市讲座

不出所料，此次演讲取消事件后果然出现了溢出效应。茨城县立茎崎高中原定于 1 月 28 日举办由市政府职员担任外派讲师的"恋爱关系中的家庭暴力"讲座，然而校方以"有恐发生混乱"为由临时决定取消。校方在列举的理由中提到了"重视筑波未来市的判断"，市政府决定的影响力可见一斑。

筑波未来市演讲取消事件的后续走向也非常混乱。市政府在口头通知平川活动取消时，负责人明确表示是因为"担心参加者会有危险"。该理由被平川引用在意见声明文中，我们也从中再次引用。媒体方面，产经新闻社筑波分社的报道中使用了"有恐市民遭受危险"字样。没想到"目标恢复主权会"的西村随即向筑波未来市提出抗议。"据说秘书广闻科科长表示讲座是'因有恐市民遭受危险而取消'，请问具体是指什么？"西村和市政府负责人的电话录音被放到网上，市政府负责人在录音中居然表示收回"有恐危险"的说法。西村同时要求产经新闻社发表更正声明。据"目标恢复主权会"的主页显示，撰写报道的记者以

"我只是完全按照市政府说明撰写的"为由予以拒绝，但随后分社长水户向他们正式道歉。（刊登本稿的《创》编辑部在向产经新闻社确认后得知，分社长并没有"正式道歉"，而是致电"目标恢复主权会"，耐心地说明事实经过，会方也接受了分社长的说明。）

随后，"目标恢复主权会"的主页上出现了这样一篇文章——"由于市政府敷衍了事信口开河，导致'目标恢复主权会'和支持者被贴上了'危险'的标签，给我们大家庭的社会信誉造成了无法估量的伤害"。我完全同意"市政府敷衍了事信口开河"的说法（苦笑）。"目标恢复主权会"以市政府收回"有恐危险"为根据，要求市政府再次声明"承认是因为邀请思想偏激的讲师演讲才取消活动的"。

市政府为此伤透脑筋，而我们也要求市政府"既然取消就必须合理说明取消的原因"。由于市政府的应对混乱导致他们无论是对反对派还是对我们和平川女士都不得不进行说明，问题变得更为困难，市政府的伤口不断加深。要想避免这样的事态，市政府从一开始就应该毅然决然地保持一贯的应对态度。

与此同时，在新潟县长冈市出现了另一番气象。新潟县长冈市原定于 1 月 27 日举办平川女士的讲座。筑波未来市事件发生后，居住在新潟县的原参议院议员黑岩秩子立刻向长冈市市长通报了此事。市长表示"以毅然的态度做出应对"，并亲自指示市政府负责人办好讲座。市政府联系了会场所在地的警署，以万全的态势确保讲座的进行。当天在会场入口处进行严格的检查，除了事先预约者以外，一概不许入内。且不论这项举措是否正确，至少讲座顺利完成了。反对派在网络上发起"接下来集中对长冈市进行抗议"的活动，并相继给长冈市发送100多封抗议传真和邮件。讲座当天虽然有大约10名自称是"防止家庭暴力法受害家庭支援会"的成员到场任意发言，但讲座还是得以顺利完成。由此可知，不同的政府态度，特别是政府首脑的态度会带来多么不同的结果。

向内阁府等主管部门提出建议

此次事件因临时取消而被曝光，令我们担心今后会有更多的地方政府为了避免类似情况的出现而从根本上不再举办同类活动。如果此类主动规避的行为在国内蔓延，那么防止家庭暴力法修正案就会面临出师不利的局面。

因此，2月12日我们在参议院议员会馆举行了以"要求地方政府贯彻防止家庭暴力法修正案"为题的院内集会，会议副标题为"家庭暴力受害人支援必须遍及所有地区"。新潟、岐阜、鸟取、北海道等从全国各地赶来的与会者约100人，其中议员12人（自民党、公明党、民社党、社会党、共产党），由秘书代理出席者4人。内阁府、厚生劳动省、警察厅和文部科学省这4

个防止家庭暴力法的主管部门也分别派负责人出席了会议。

早在 2 月 1 日当天，我们从筑波未来市回来后，下午便直接前往霞关[1]走访了 4 个主管部门。经过征询调查后得知，筑波未来市在 1 月 16 日之前就已经收到了要求取消讲座的抗议邮件和传真，当时市政府向内阁汇报说讲座按原定计划进行，内阁相关负责人也回复市政府"请按原计划实施"。至于 1 月 16 日当天决定取消一事，筑波未来市并没有汇报，内阁府也是事后才得知。

我们向内阁府反映了筑波未来市讲座与长冈市讲座的经过，并询问内阁府既然地方政府的应对态度造成如此大的落差，内阁府为什么不加以指导，得到的回答非常"官方"——"中央政府不干涉地方政府的工作"。

我们向主管部门，特别是内阁府与法务省提出，我们不是要求干涉，而是希望主管部门能向地方政府提供相关信息，因为地方政府的相关负责人很有可能对保守势力的逆袭事件及其应对方法既不了解也没有经验，未免陷入不安或困惑。当然也有可能因为中央提供信息反而导致地方出现自主规避的负面效果，但有信息提供总比没有好。

在网上可以搜索到"防止家庭暴力法受害家庭支援会"的主张，读来简直荒谬绝伦——"普通夫妻之间存在轻度、单纯、单次的暴力实属正常""防止家庭暴力法＝破坏家庭法"。破坏家庭

1　东京地名，是各中央机关聚集之处。

的不是法律，而是暴力本身。女性想逃离的是已经破裂的家庭。另外，暴力是否属于"轻度"，判断的权利不属于加害方，性骚扰也一样。对于同一事件，立场不同，认识理解的方式也不同，早已有各种调查数据证明，加害者与受害者之间在认识上存在着巨大的鸿沟。

说到数据，筑波未来市在讲座召开之前曾在市民中实施有关男女共同参与基本计划制定的意识调查。调查问卷中有关于"遭受家庭暴力"频率的调查。其结果显示，受访者中"受过掌掴""受过拳打或脚踢"的频率在"1 至 2 次"和"很多次"的合计超过 10%。在得到这样的数据后，市政府居然仍做出取消的决定，让我们感到负责人根本没有意识到事态的严重程度。

掀起抗击逆袭势力的巨浪

2 月 12 日的院内集会上，戒能民江[1]代表主办方致闭幕词，并在致辞中表明了抗击的决心。她说道："对于逆袭势力，我们至今为止采取的是打地鼠的战法。"希望能以此次事件为契机掀起一波反击的巨浪。

我曾在杂志《创》2006 年 11 月号上以"逆袭势力抨击的大

1　戒能民江（1944—　），日本法学者，专攻家庭法、女性学。

本营是'社会性别'"为题讲述了福井县的事件。当时批判的对象是"性别自由",但最近"自由"二字不见了,"社会性别"直接成为攻击的对象。顺便说一句,《世界日报》的专栏记者也阅读并引用过我的这篇文章,标题实在是太好懂了(苦笑)。

安倍政权上台之初,逆袭势力迅速抬头,我们的危机感也不断增强。不过最近由于安倍的失势,轮到逆袭势力的危机感上升了。福田康夫首相在还是内阁秘书长时期曾兼任男女共同参与责任大臣,被认为是女性主义官员的庇护人。福田政权起步之初,林道义[1]在博客上曾写过"在安倍政权下销声匿迹的女性主义官僚,很可能随着福田政权的上台而复苏,这很危险",真是再直白不过的反应了。

这一两年,在所有对社会性别的攻击事件中,攻击者都是老面孔,可见实际在进行"抗议行动"的只是极少数人。尽管逆袭势力本身并不强大,然而周遭随声附和的人却不在少数,所以听来声音非常响亮,导致地方政府因惧怕这种阴影而主动规避有关防止家庭暴力法的演讲。我们担心的就是这种主动的规避会在各地政府中蔓延。

顺带一提,我听说在福井县事件之后,松山市也出现了类似事件。松山市制定推进男女共同参与条例后,有反对派提交了"对女性学、社会性别学等特定研究不予支援"的请愿书。该请

---

1 林道义(1937—),日本经济学家、心理学家、评论家。

愿书在市议会得到通过，随后引发了社会性别相关书籍下架。

虽说安倍政权垮台了，但逆袭势力并不会消失。各地类似的事件一再反复，如桥下彻[1]当选大阪府知事后，大阪府立男女共同参与、青少年中心又面临危机……我们的斗争真是片刻也不得喘息啊。

1　桥下彻（1969—　），日本律师、政治评论家、艺人。

堺市市立图书馆抵制 BL 书籍事件始末

2009 年

2008 年 7 月至 8 月，大阪府堺市市内所有的市立图书馆下架了约 5500 册 BL（男同性恋）书籍。

据称，事件起因是普通市民对此类书籍出现在图书馆提出抗议。2008 年 9 月，堺市官网上的"市民之声 Q&A"专栏中出现了"请明示购买 BL 书籍的宗旨与目的，以及至今为止购买的数量与金额"的市民要求。事件由此得以出现在公众面前，同时我们得知市议会也参与推动了此次书籍下架事件。

针对该提问，堺市给出的回复是"藏书共 5499 册，金额共计 3668883 日元""（BL 书籍）出版初期属于小说的一种，有读者提出借阅要求，秉着尊重来馆读者的意见而购买""（BL 书籍）已立刻下架返库，今后将不再购入、保存，同时不再向青少年提供借阅"。

早在 7 月末，在堺市官网出现"市民提问"之前，向图书馆投诉的市民就在名为"女权纳粹监视论坛"的逆袭势力网站上发帖写过相关内容。"抵制社会性别相关书籍"真相调查原告团[1]

1　在 2006 年福井县书籍下架事件中为起诉组建的原告团。

（以下简称原告团）秘书处的寺町绿等14人从当时起就一直关注该事件，随即向堺市提出公开下架书籍清单与会议记录等公文的请求，并基于得知的事实进行调查。11月4日，原告团与堺市28名市民及12名代理人一起向堺市监查委员会提交了"关于抵制特定书籍问题的市民监查请求书"。

上野千鹤子女士作为原告团代表及监查请求的代理人对本文记者说出了如下评论：

"无论理由如何，在公共图书馆对书籍抵制或审查是不可容忍的。信息公开与言论自由是民主主义的根本。即使有反对意见也应当保证公开发表的自由，这才称得上'言论自由'。"

此后，各方就抵制特定书籍问题继续向堺市市长、教育局局长等提出抗议。在监查请求提交10日后，图书馆表明了"解除对未满18岁读者的借阅限制"。多达5500册的书籍在面临下架之时，幸亏有原告团及时获取事件信息并付诸行动才得以阻止。

本次事件与2006年福井县生活学习馆将153册与社会性别相关的书籍下架事件颇为相似。除此以外，逆袭势力引发的还有2008年1月的茨城县筑波未来市防止家庭暴力讲座因右翼抗议临时取消的事件。上野女士认为此次堺市事件也属于逆袭势力活动的一环，但对于此次事件，女性主义者中也有部分人的反应较为迟钝。原因可能是BL这一类型尚未被公众认知，即使被认知，公众对之也多抱有偏见。

为此，本文采访了对抵制特定书籍的动向及时提出抗议的上野千鹤子女士与寺町绿女士。

——《创》编辑部

盯紧逆袭势力的每一个动作

> ——右翼报纸《世界日报》刊文提及一"匿名市民"与女儿去堺市图书馆，因女儿偶然翻阅BL书籍发问"这是什么书"而大吃一惊。

上野：

"为了孩子"这种看似充满正义的说法，直白地说就是在假装无知与纯洁。社会性别批判始于对性教育的批判，当时的关键词是"为了孩子"和"过度的性描写"。这一点与当下的事件是共通的。

福井县的社会性别书籍下架事件，以"信息公开"为争论焦点，至今仍在最高法院争讼中。原告团成员根据以往的经验主动分享信息与实践方法，在此次堺市事件中发挥了作用。

女性主义者和逆袭势力都在一次次斗争中学习着对方的斗争方式与经验。逆袭势力向市民运动学习，采用"一般市民信访"的方式，我们当然早就准备好了应对方法，因此在这次事件中快速做出了应对。我们及时察觉事件的端倪并及时阻止，同时堺市政府的行政应对也非常迅速，因此没有导致类似福井县事件那般的行政混乱。我们希望逆袭势力能由此吸取教训——类似的抵制书籍事件无论在何时何地发生，我们都绝对不会放过。

——在福井事件中，对于各位提出的信息公开要求，福井县最初只公开了一份书名、作者名与出版社名都被涂黑的名单，县方给出的"有恐侵害（清单制作者）个人权益及（作者等）经营方权利"的理由实在不知所云。随后又改变态度，公开了清单。在这次堺市事件中，各位与图书馆一线负责人松井孝参事反复进行交涉。请问一线人员是如何认识此事的？

上野：

一线的职员未能在整个事件中贯彻公共图书馆的书籍收集与公开原则（即尊重"言论表达自由"，不屈服于第三方压力进行书籍内容审查），他们在事件初期阶段的应对混乱对后期产生了持续影响。一线职员对于 BL 的无知也是原因之一。

寺町：

最初，我们问堺市图书馆："BL 是什么？"对方居然回答："无法说明。"我们接着问："既然无法说明，请问是以什么为标准移动 5500 册书籍的？"对方吞吞吐吐、胡言乱语。

上野：

这次我们得到书籍清单，对查证工作十分有利。我们在居民监查申请后提交了一份名为"补充书籍"的分析报告。该报告是动员了上野研究会中所有喜爱"YaOI"[Ya、O、I 是故事情节无高潮（Yama）、无结局（Ochi）、无意义（Imi）三无的首字母缩写，现为女性作者为女性读者创作的男同性恋作品的总称]作品的女研究生（笑），对特定书籍清单进行透彻的分析后完成的一篇优秀的调查报告。只要翻阅这份报告，就可以清晰地了解这 5500 册 BL 书籍的选择依据是多么薄弱。

这些 BL 书籍是小说，不是漫画。要说文章中的性描写，渡边淳一的《失乐园》要过激得多了，不是吗？

——分析报告《补充书籍》及公开后收到的读者意见中部分有关 5500 册清单的问题摘抄如下：

清单中部分书籍几乎或者完全没有出现性描写 / 面向男性读者的书籍中无论男女性行为的描写程度轻重都没有出现在书单中 / 直接描写同性恋，但已作为"文学"作品在市面流通的书籍被排除在指定书单之外／堺市对描写同性恋的文学作品进行返库处理，但是大部分面向男性读者的异性恋"色情小说"都是上架书籍／部分有过激性描写的同性恋作品未被列入书单。原因很有可能是仅凭书中插画认为其中一方看上去像女性角色，因此将该书认定为异性恋作品……（在《补充书籍》中有具体的书籍名称与作者名称，此处篇幅有限，不能备述）。

另外，据一位在首都圈内图书馆工作的图书管理员介绍，"图书馆在采购书籍时每一册都是经过判断才决定购买的""像这次这样否决整个BL类型的书籍上架是极为粗暴的要求"。

腐女是否会以受抵制为契机走上政治舞台

寺町：

图书馆方最初"没有想到（匿名市民的投诉）是对社会性别的批判"，对于福井县事件也是"知道，但是这次的对象书籍不是女性主义相关书籍"。双方对此事的认识有显著差异。

上野：

从这个意义上来说，这次事件让书籍的"次元维度"有了明显扩大。

之前曾出现针对漫画作品的"言论自由"论战，当时反对方也扛出了"对儿童教育不利"的尚方宝剑。我的感觉就是这次终于轮到 BL 作品了。在漫画言论自由之争时，作者、编辑、文化界、漫画界的男性都感受到了官方试图加强对漫画限制的危机感，并采取行动进行维护。然而也许是因为此次事件还没有广为人知，所以他们在这次事件中静观其变。

即使在女性主义者中也有很多人不清楚"什么是 BL"。在年长的一辈人中很少有一说"BL"就能明白是什么的人。我则是因为在我的研究生和本科生中，有不少"腐女"（喜爱 BL 类型漫画的女性用于自嘲的称呼，后成为该类女性的总称）、"YaOI"和 BL 系学生，所以有这方面的相关基础知识，不过我自己并不喜欢这类书籍。

我曾经问我的学生："在堺市出现了这样的事情，你们不打算做些什么吗？"她们说："腐女的'规矩'是不'出柜'。"（笑）

在男性漫画界，人们借由限制色情描写等"言论自由"论战所产生的危机感达成了团结一致。当时女性主义者被诬陷为"限制派"。女性主义者中确实存在支持限制该类作品的人，但"反限制派"也是有的。我就是后者。在这一点上，我与宫台真司的意见一致。相关详情可以参考永山薰[1]和昼间孝[2]的《2007—2008

1　永山薰（1954—　　），日本漫画评论家、编辑、作家。

2　昼间孝（1975—　　），日本记者、剧作家。原文中的"比留间"应为作者上野千鹤子笔误。

漫画论战爆发》(Micro Magazine 出版，2007 年)。该文称，当时在漫画界及其读者群中都出现了危机意识，原本只不过是隐秘的个人嗜好，由于受到公开的批判而导致他们团结一致，最终走上了政治斗争舞台。同样的形势是否会出现在腐女界呢？腐女是否也会走上政治舞台呢？我颇为期待。

寺町：

在我这边有表示"偷偷摸摸地阅读实在辛苦"的 BL 作品读者，以及"性少数"群体人士的参与。因此我觉得逆袭势力虽然试图进行割裂阻断，但是他们并没有成功。

上野：

说句题外话，日本的第一次女性主义浪潮中的精神象征《青鞜》杂志，最初只是一本文艺杂志，创刊辞中讴歌的是"发现女性内在潜藏的天才"。平冢雷鸟女士是强烈希望超越自我，对世俗不甚关注的人。然而，因为当时受到了父权制媒体的猛烈抨击，她迅速投身了政治。因此从某种意义上来说，是反对势力的批判让《青鞜》一派登上了政治舞台。如果没有当时反对势力的抨击，日本的第一次女性主义也许就不会如此绽放（笑），反对势力也做出了贡献呢。

社会性别批判与腐女批判的共性

　　——这次事件中，2ch[1]上出现了一个"心痛消息"的帖子。随后出现了大量的攻击性回帖，例如"腐女的存在就是祸害。腐女去死""抗议也是作秀的一环吗""人肉那群BL大妈""图书馆不要迎合那些恶心的变态丑女人，赶紧禁止阅览那些书"。请问对男女共同参与的批判和对腐女的批判，两者有何不同？

寺町：

　　我的博客也因为被"心痛消息"的帖子挂了链接，导致留言里出现大量"去死""恶心""你TM也读BL吗"之类的恶言恶语。

上野：

　　社会学者北田晓大[2]曾做过一个十分有趣的互联网重度用户研究。研究显示，互联网重度用户对"社会性别"或"性别自由"之类的词汇几乎一无所知，当然也不会进行"性别自由批判"。但他们都属于有强烈性别歧视意识的人。虽然没有"性别

1　指1999年创设的日本著名的非营利匿名网络社区。

2　北田晓大（1971—　），日本社会学者、东京大学信息学环教授，专攻理论社会学、媒体史。

自由批判"的政治性意图，但似乎都有类似于"反女性主义"的女性歧视意识和恐同意识（对于同性恋或同性恋者抱有非理性的恐惧感、厌恶、排斥或偏见）。他们对同性恋"觉得恶心"，因此这次事件的骨干力量应该是恐同者。

寺町：

最终他们用"这种书不能给孩子看"作为旗帜，这才是令人担忧的。

上野：

社会上早就出现了关于 BL 是否反映男同性恋的现实、BL 本身是否就属于歧视男同性恋等问题的争论，事实上男同性恋与 BL 之间有着根深蒂固的分歧。但是在 BL 批判中明显存在恐同者，这是不容忽视的。此时我们应当求同存异，面对共同的敌人携手战斗。

逆袭势力的攻击也针对性少数群体

——在《图书馆自由宣言》（日本图书馆协会 1954 年通过，1979 年修订）中有这样一条规定："从古今中外充满痛苦的历史与经验教训可知，官方审查会对图书馆收集资料进行预先限制，并可能导致已收集资料的下架与报废处理。因此，图书馆反对任何形式的审查。"在这次事件中，图书馆方也明确表示被列入清单的书籍中"没有任何一本属于大阪府条例所指的有害图书"（2008 年 11 月 5 日《朝日新闻》）。

寺町：

这次事件中的书籍多达 5500 册。但是我们不能被这个数量迷惑。哪怕只有 1 册被投诉、被抵制，图书馆方也要坚决予以拒绝。这才是我们的最终目标。

上野：

我们斗争的大前提是反对限制图书馆的言论自由，无论书籍内容如何都是一样。但是，当我得知此次批判是针对 BL 时，我意识到逆袭势力的攻击已经从社会性别扩大到了"性少数"群体。

回归问题的原点，"性别自由批判"的根源就是对"性少数"群体的打压。例如站在教育第一线的教师觉得"性别自由"一词比"男女平等"更好用，原因是更容易确定"性少数"群体的地位。对于"性少数"群体的打压，从性别自由批判初期开始就已经存在并根深蒂固了。

寺町：

　"性少数"群体不敢张扬，也是对方的攻击点。对方的理由之一就是"大部分家长都觉得'BL 是令人厌恶的'"。

上野：

　"如果自家孩子变成'性少数'群体，那会非常苦恼"，这是导致"性别自由批判"出现的原因之一。所以目前事态的发展并不出乎意料。

　女性主义者中也有恐同者，她们也会主张"BL 书籍还是不要上架借阅为好"。

寺町：

　如此看来，这次逆袭势力的攻击点很有效，BL 是容易造成阵营分裂的攻击点。堺市虽然在各县市中属于实施男女平等政策的先进地区，但在与图书馆的交涉过程中，可以看到他们并不认为此次事件是对同性恋者或性少数群体的歧视。

上野：

　他们对这次事件的认识："不是色情描写问题吗？"

　虽然没有经过证实，但如果仅限于性描写这一点，图书馆上架的书中有不少对异性间性行为有过激描述，面向成人的自不必说，连面向少男少女的也有。异性爱的过激描写可以，同性就不可以，这是何道理？我觉得这次事件不仅有对同性恋的歧视，还有对女性作为色情文化消费者这一角色的反感——"色情是男人的消费品，女人居然也来消费，内容居然还是男同性恋，这怎么可以容忍！"

被问责"暴力"的自治体

2008 年

2008 年 1 月 11 日,《防止家庭暴力法修正案》正式实施。然而不久后，在茨城县筑波未来市发生了一起有关防止家庭暴力法的人权讲座被临时取消的事件。

1 月 20 日，筑波未来市原定举办一场由东京女性主义疗愈中心所所长平川和子担任讲师的人权讲座，标题为"难道只要自己忍耐就好吗？——对家庭暴力受害的了解与支援现状"。在讲座即将开始前的 1 月 16 日，反对该防止家庭暴力法案的民间团体在市政府门前使用扩音器抗议，市政府负责人以恐"招致混乱"为由，临时决定取消讲座。

这一事件带来的溢出效应立刻出现，印证了我们的担心。茨城县的公立高中以"恐发生混乱"为由，取消了由市政府职员担任外派讲师的"恋爱关系中的家庭暴力"讲座。

自称民族派的该市民团体代表（男性）表示这是"少数力量压倒巨大的行政并使之屈服"。此人还于 1 月 26 日在展示慰安妇问题的"女性的战争与和平资料馆"前用同样手段进行大音量的妨碍行为。他过去还因相同行为，以"暴力妨碍业务罪"被判刑。

原定讲师平川女士指出"这是对讲座主办方及我个人的暴力行为，也是对打算前来参加讲座的市民的暴力"，因此向市政府发出公开质问信，并立刻收集到了2700余个支持者的签名。

此类暴力阻止讲座举办的事件，让人不禁联想起日本教职员工会原定于王子饭店举行的全国大会被迫临时取消的事件[1]。暴力带来的效果让少数人尝到了甜头。若少数人的暴力行为能够恣意横行，那日本终究无法成为一个法治国家。

非但如此，我们不能容忍此次暴力行为的另一个重要原因是《防止家庭暴力法》的基本原则就是要在暴力中守护受害者。《防止家庭暴力法修正案》倡导各级市町村要担负起责任，而屈服于暴力的地方政府怎能让受害者放心大胆地前去咨询求援？这是一起动摇人们对法律和政府的信赖感的事件。

1月27日，同样由平川和子女士主讲的有关家庭暴力的讲座在新潟县长冈市举办。听闻筑波未来市事件的长冈市市长在同样遇到抗议活动的情况下，"以毅然的态度做出应对"，以万全的危机管理态度进行事前准备，按照原定计划顺利地举办了讲座。可见不同的政府态度，特别是政府首脑的态度，会带来多么不同的结果。

1　2007年，日本教职员工会原定在王子饭店举办教育研究全国集会，但王子饭店以"右翼团体的街头宣传活动影响了饭店其他客人"为由单方面取消会场租赁。事后全国教职员工会起诉王子饭店，最终以王子饭店全面败诉告终。

和该民间团体共同行动的另一个抗议团体名为"防止家庭暴力法受害家庭支援会"。该团体的主张是"夫妻之间存在轻微的暴力实属正常"，《防止家庭暴力法》会"破坏家庭"。只有加害者才会把受害人"感到有生命危险"的暴力行为称为"轻微的暴力"。性骚扰和强奸在加害方看来也"只不过这种程度而已"。《防止家庭暴力法》从暴力的丈夫手中保护了危急之下逃出家庭寻求避难的妻子，而他们却把这种法律称为"破坏家庭法"。那么早就导致"家庭破坏"的丈夫的暴力呢？他们却只字不提。

　　逆袭势力终于把攻击目标对准了《防止家庭暴力法》……从这些不合常理的蛮横与荒唐的行为中解救和保护受害人，这才是政府应该承担的责任。

社会性别论丰收年

2006 年

今年由于安倍晋三政权的成立,"性别自由"与"社会性别"成为政治争论的焦点。

不过,也多亏了逆袭势力,从事社会性别研究的相关人员由此加强合作,可算是一个意外收获。让我从中介绍几项成果。

若桑绿等人(皆川满寿美、加藤秀一、赤石千衣子等合编)的《跨越"社会性别"危机》(青弓社)。国分寺市事件发生后,研究者、教育界和政界的相关人员以及民间活动家齐聚一堂,召开了一场气氛极为热烈的专题讨论会,《跨越"社会性别"危机》就是这次研讨会的记录。

宫台真司、上野千鹤子等合编的《逆袭!》(双风舍)。该书以年轻的网络用户、博客作者的文章为中心,对逆袭势力进行详尽的分析,并直指其弱点。

加藤秀一的《社会性别入门》(朝日新闻社)。该书从零开始详细解说社会性别论的基础知识。要想批判请先充分学习了解。《社会性别入门》一书可算是最理想不过的入门书了。

沼崎一郎的《"社会性别论"教学法指导》(FEMIX)。该书是一本充满爱心的实践理论，献给身为性暴力受害者预备队的女大学生。内容有诸如"不加避孕的性交属于性暴力"等男性学孕育出的种种真知灼见。

"社会性别"一词已经在国际上确立了学术地位，若日本禁止使用则会成为世界的笑柄，危机感在日本学术会议的成员间蔓延，学术与社会性别委员会发表了对外报告书《建议——社会性别视角开拓学术与社会的未来》(日本学术会议)。报告内容紧凑而翔实，这是第一线研究者跨学科研究的成果。

回想起来，在逆袭势力的"努力"下，2006年成为社会性别论出版丰收年，实在是一个意外的收获。

通过斗争得来的要靠斗争维护到底

2006 年

有人说日本的女性主义是行政主导型女性主义。荒唐至极。历史绝不能被歪曲。

1985 年，政府赶在联合国《消除对妇女一切形式歧视公约》被通过前，制定了《男女雇佣机会均等法》。然而该法律对相关人士来说没有任何新意。无论是禁止企业因女性结婚而强迫其离职，还是废除企业私自制定的年轻女性早期退休制度，都是以往女性劳动者通过在法庭上的斗争而赢得的。大学毕业女生的雇佣早已有之，综合职位的女性干部要员在一部分企业中也早已出现。若说职场状况发生了变化，也并非因为该法律的诞生，而是因为女性早在此之前就已经做出了改变。该法律的许多内容只是追认已经发生的变化而已。《均等法》还附加了许多女性不愿意看到的条款，比如女性保护规定的废除。没有保护的平等、高强度劳动……新自由主义和男女共同参与女性主义的勾结从那时就已经开始了。在这种状况下，少子化问题不断加剧也是理所当然。

20 世纪 80 年代，国家掀起一阵女性中心建设与教育事业活动浪潮，也只不过是追随早已先行一步的民间活动而已。利用公共设施场馆建设政策的只是那些首长，女性并不想要那些大理石建筑的泡沫经济的产物。要说民间女性团体想建设的集会场所，是像大阪市妇人会馆一样靠"1日元募捐活动"一点点筹建出来的，是出于地方上的需求而建的。然后，渐渐有了财团的支持，女性运动的旗手中也开始不断涌现专业的咨询事业人员及其他专业人员。出现这样的变化，也是因为女性主义者无法从行政方面获得任何信息或实践经验，不得不借助民间的力量。社会教育事业也是始于民间集资的学习社团。想要把自己的实际生活感受提炼上升到理论高度的女性学中坚力量在这样的社团中成长起来。说日本的女性主义是"行政主导型女性主义"的人只会盯着法律与行政的动作，而完全无视这些水面下的活动。

对于当今的年轻女性来说，上大学、毕业后进企业工作、遭受性骚扰可以拍案而起，这些都是理所当然的人生选项。然而这些理所当然的权利，在20多年前还未出现，这都是女性前辈们通过斗争得来的。说这些，并不是想在此让各位感恩戴德。

我想说的是，不劳而获的权利会被轻易剥夺，即使是通过斗争得来的权利，如果不继续通过斗争守护，根基迟早也会被弄垮。在这个社会上，并不是所有人都乐意看到女性精神饱满的样子。"女人闭嘴！""老老实实滚回厨房去！""少在那儿狂妄自大，出什么风头！"诸如此类的声音潜伏在社会的各个角落。在全球化与新自由主义招致的危机中，保守派已经丧失往日的从容。以出格女性为攻击对象的反动战略中，无论是过去还是现在，最简单而有效的手段都是创造追求男性间社会性认同的"男性共同体"。弗吉尼亚·伍尔芙[1] 把民族主义称为"强迫的同胞之爱"。"男性共同体"的成员把"不是女人"置于男性主体化的核心，带着脆弱不堪的身份认同感，利用名为社会性别批判实为厌女症的工具，用一句"嗨！兄弟！"来加强男性间的"同胞之爱"，这种伎俩真是再拙劣不过。

以往的教训告诉我们，历史很有可能"进一步退两步"。未来并不永远是光明的。或者应该说，"光明的未来"不会主动降临。为了不让自己在某天清晨醒来后悔世事不该如此，我们应当尽到当下应尽的责任。

1　弗吉尼亚·伍尔芙（Virginia Woolf，1882—1941），英国女作家、文学批评家和文学理论家，意识流文学代表人物，被誉为 20 世纪现代主义与女性主义的先锋。

回归原点

2009 年

　　近年来，社会性别在全国各地不断受到逆袭势力的攻击。最初是对"过度性教育"的攻击，随后是对"性别自由"的毫无根据的批判，再之后是对"社会性别"相关讲座及书籍的抵制。持续的打压让我们感觉被逼到角落，无路可退。

　　各地的男女共同参与中心和女性中心也难逃魔掌。东京都发布解散"东京女性财团"的命令。千叶县议会否决针对女性中心的包含政府预算的条例案，并宣布女性中心停止业务活动。大阪府新上任的府知事提出出售大阪府男女共同参与中心大楼的方案。

　　《男女共同参与社会基本法》的序言中倡导的是"实现男女共同参与社会是 21 世纪决定我国社会的最重要课题"，这一理念现在何处？该法律当年在国会上获得了全场一致的赞成票，那又是哪一出闹剧？

　　依赖官方的后果就是每当政治风向发生改变就不得不任由官方摆布。论其根源，女性中心本是地方上的民间女性团体出于活动需求而努力争取来的成果。

让我们回归原点，重建女性运动的根据地。但是这一次，我们要使用新的媒体、新的技术。昔日的女性运动只能靠老旧的手摇油印机和复印机制作自编小报，互相联系。这一次，我们要借助信息技术的力量，跳出各自的小圈子，实现跨领域、跨地区，超越年龄层与时间的联合，转守为攻。

我们抱着这种想法，于 2009 年开设了女性综合信息网站——女性运动联络网，简称 WAN（Women's Action Network）（http：//wan.or.jp），并注册为非营利组织法人机构。在网站上可以找到全国各地女性中心的所在地、值得女性信赖的律师和咨询师的信息、女性团体的登记注册信息、各类活动的日历等。每个团体都有自己的主页，但是目前像 WAN 这样任何人都能点击并发声的综合信息网站只此一家。以信息技术发达著称的邻国韩国有一个名为"伊尔达"的女性综合网站（https：//www.ildaro.com/），我们参考借鉴了她们的网站，但也不尽相同。有一位美国女性评价我们的网站是"世界上的首次尝试"。我希望我们能共同养育它成长。

第四章

女性学的创建与传承

联络会通讯创刊时

1987 年

我面前放着一本联络会通讯 *Voice of Women*（女性之声）（以下简称 *VOW*[1]）第一期。手摇油印的 4 页自编小报，看起来十分粗糙、简陋。这份发行于 1979 年 9 月 23 日的第 1 期的编辑发行人是我自己。

感慨吗？是有的。当年刚有理事会，连总会都开不起来——简直像石器时代——为了让没有决定权的各分科会能有一个互相交换信息的平台，我们创立了这个联络会。当然，创立之初我们的目标是力图实现思想与行动一致的直接民主主义。第一期中有这样一句话可以体现我们的想法：

"异化劳动——无须大脑的机械化手工劳动——让我们充满痛苦……我们的口号是'边闲聊边动手！'"。我们联络会的运营方式——你一言我一语，吵吵闹闹地讨论今后的方针，像在家糊纸盒似的做着 *VOW* 的打包邮寄工作——便由此诞生。

我虽然是第一期 *VOW* 的发行人，但从没想过要一直担任责

1　日本女性学研究会会刊。

任编辑。我们采用责任编辑轮流负责制，这在其他学会上也许令人难以置信。我的"狡猾"做法是自己首先做出一个样板，告诉大家应该怎么做，然后迅速消失。这样不仅可以分散负担，也可以避免信息的集中或独占，还能顺便培育人才，真是一举三得。我们的口号是"谁都能行的女性学"，因此 *VOW* 的编辑也当然"谁都能行"。在这个思路下，我们培养了相当多的编辑。

比较一下 *VOW* 创刊号和最新的第 84 期，不仅感慨仿佛看到了自己的孩子长大成人的样子，而且忍不住想显摆一下这 *VOW* 可是我上野创办的。不过还是先搁置一边，让我介绍一下第 1 期创刊时几乎不为人知的"史实"吧。

1979 年 1 月，我在日本女性学研究会的正式期刊《时事通讯》（到 1980 年 1 月的第 6 期为止，与 *VOW* 平行出版）第 4 期上发表了一篇《公开书简》。开篇如下：

> 国信润子[1] 女士敬启——承蒙您的邀请，我参加了日本女性学研究会。这是我第二次参会，适逢年度会费续缴，该金额于我实属不菲，因此我就这两次参会的印象重新思考了研究会是否能真正满足我的需求。

思考的契机是金钱，这令我不由得苦笑，不过也确实反映了

1　国信润子（1948—　　），日本女性学研究者。

我当时囊中羞涩，而第一次觍着脸跑去参会也是因为国信女士的邀请，可见当时我对于参会十分缺乏主动性。顺便一说，让我在《时事通讯》上发点文章也是国信女士的意思。而我写这封公开书简，原因也是当时有数人因对研究会的失望而退出，我想舍弃"做客意识"，撰文为研究会做点什么。

《公开书简》中有这样一段：

（关于讲师皆为学者、评论家一事）会员可能会分化为"发言的专家"与"听讲的业余人士"，这样研究会不免堕落为名人讲师单方面宣讲的演讲会。日本女性学研究会的招牌虽是"学术性"，但若形式也沦落为简单复制大学相关人士在大学的活动，未免太令人遗憾。女性学要在大学校园之外举办研究会，不正是证明至今为止大学学术对女性问题没有起到任何作用吗？

研究会安排前来听讲的女性在周日听了一下午著名老师的"宝贵经验"，这是否真的能让她们满意而归呢？我们抽出一个宝贵的周日出席日本女性学研究会，目的是能在会场上遇见有相同问题的女性伙伴，彼此对话，通过彼此的问题相互启发。

大凡对女性问题感兴趣的人，都不会在乎对方是否有名，讲述的内容也无优劣之分，比起有系统有条理的演讲，我们更尊重个人敏锐的问题意识。我们应当认识到前来参加日本女性学研究会的每一位成员都有想要对他人诉说的内容，彼此倾听本身就是研究会的价值所在。

俗话说"3 岁见老"，我身上的"3 岁之魂"时常闪现，连自己都惊讶为什么从无变化。

1979 年 1 月写了《公开书简》，5 月创建联络会，9 月联络会通讯第 1 期创刊发行。那一年我不断奔忙，力图改变日本女性学研究会的性质，也与矢木公子、松本澄子、小川真知子等人建立了强有力的互信关系。当时的经历让我至今坚信，如果女性团体只单纯地靠友好关系来维系是无法培养出"战友之情"的。只有直面共同的课题，苦乐与共，调整彼此想法上的差异，建立起无论在何种情形下都不逃避躲藏的信赖关系，才能成为真正的战友。如此说来，在拥有共同"敌人"的当下，还真是非常愉快呢。

随后在日本女性学研究会总会上决定废除理事会及理事长一职。联络会升格为运营会，成为研究会的决议部门。同时，部门内采用轮流担任运营委员的非集中分散式的直接民主制，并沿用至今。"谁都能行的女性学""谁都能当的运营委员"和"谁都能写的女性学年刊"，我们以这种方式让每一个人都快速成长起来。大家开始拥有自信，变得神采奕奕，低头不语的人昂首发声，含糊其辞的人变得言辞有力。我也是其中得到救赎的一个。

我的基本思想在《公开书简》中已然写尽，我们不懈地与之斗争至今的，正是研究会中的权威主义。

时隔9年，我认为我自身并无变化，非要说变化，那就是9年前我默默无闻，现在不知为何成为一个"名人"。时常会遇见有人说"上野创建的日本女性学研究会"，这让我震惊不已。说出这种话的人，是他身上的权威主义在作祟，总认为得有一个特定人物担任领袖来创造组织。但是，他们真正来到研究会时就会说："实际来了才发现，原来上野女士也不过是普通会员之一啊，真让人放心。"——"白痴，就是你的权威主义让你产生误解的！"我每每强忍住不骂出声。

过去我作为一个无名小卒与权威主义斗争，现在又要作为一个名人与硬把我树立成名人的权威主义斗争，不过现在这场战役要难打得多。

权威主义必须扼杀在萌芽中。我们的研究会也尚未成功。所幸眼下我还是普通会员，甚至还不如一个普通会员。研究会的成员都是直言不讳的"大佬"，因此我也得以毫无顾虑地有话直说。

细细想来，日本女性学研究会于我，是这个艰难时代中的避难所。我为此不惜耗费时间与心血，要把这里创造成一个可以畅所欲言的良好"社会"。我们研究会的运营方式极为"不合乎常理"，在这里待久了，个个都变得"不懂事"。要我说，我们

"不合乎常理"的程度还远远不够。

　　唯愿这个脱离社会的"不合乎常理"的空间能够成为我们老去时舒适的庇护所。我说，我们快点筹建梦想中的"娜拉方舟[1]"，可好？

1　上野千鹤子曾经构想的面向老年女性的合租公寓项目。

回归初心

1992 年

Voice of Women 第 135 期上刊登了我尊敬的友人（抑或说我的同志与战友）国信润子女士的来稿，我也忍不住又拾起笔来，写写近来的例会。

最近出现过这样的议论：最近例会没有什么内容；既然没有何必勉强每月召开；有具体的内容时再召集会议不也一样……

我们应该思考的是为什么会没什么内容。难道不是因为研究会规模不断扩大，导致例会变成"研究成果发表"的舞台吗？也有人抱怨例会召集不到人。"到底能来多少？""也就二三十个吧。"二三十个！不是已经很多了吗？你们在期待什么？

我们这个研究会原本就不是为了启蒙或布道（这些交给政府的"启发"活动就好）。我们的初心是让志同道合的伙伴互相学习，互相支持。自从觉得例会无法满足我的需要后，我就在私底下擅自搞了一个小型非正式的学习研讨会，成员都是有志于研究女性学的人，每次活动 10 到 20 人，会场也是借用最多只能容纳20 人的小研究室，原因是我不希望活动超过 20 人。成员们都很忙，我不希望这个活动让她们牺牲整个周末，所以活动放在工作日晚上 6 点开始。我不要求来参加的成员有什么资格，不过也不希望她们只当听众，而是要求她们有朝一日能在小组活动中汇报自己的研究成果。我们每次活动的时长为 3 小时，其中研究成果汇报 1.5 小时，讨论 1.5 小时。这个时长安排可以产生很多有深度的讨论，同时因为人数较少，每个人也都有充分的发言时间。

我在这个活动中做过几次研究报告。在研讨会上做报告的好处在于，一个尚未成型的想法可以通过向众人阐述而变得更有条理，也能从其他成员处获得很多有益的批评与意见。成员中有单程花费 2 小时特地来参加活动的，这令我感到"啊，有人与我有相同的需求啊"。我的小型研讨会现在也细水长流地悄悄持续着，不做任何宣传，只靠成员的口头邀请。有人爱说我们是秘密主义，那就说去吧。我的方针就是"不把活动做大"。

以"不做大"为方针的原因之一就是日本女性学研究会的例会随意增加人数，让例会变得十分"隆重"而麻烦。我需要的会议是能和伙伴共同分享尚未完成的想法，而现在日本女性学研究会的例会氛围是如果研究不是"成品"就无法拿来发表。大家不觉得这种例会很奇怪吗？

举一个最近的例子。在 9 月的例会上，女性主义批评的分科会议主题是《男流文学论》(上野千鹤子、小仓千加子、富冈多惠子合著，筑摩书房，1992 年）。以下摘录部分会议准备过程中负责人（T）和我（U）的对话：

T：因为可能有尚未读过这部作品的成员参加，您是否能先谈谈这本书的内容或成书过程。

U：来参加分科会的人应该都是读过的吧。我们是读书会，应该以参会者都阅读过为前提。我是为了倾听大家的想法才来参加会议的。

T：我们还是希望能有更多的人来参加。

U：这就很奇怪了，不是吗？我们的会议精神是花费自己的时间与精力用于自己感兴趣的事情，所以只要分科会自己的成员不就够了吗？

T：但是只有这点人听未免太可惜了。

U：这又不是为他人举办的活动，"服务客户"是次要的。当然我们并没有关闭大门，想来听的就来。愿意来听听我们在干些什么的，可以旁听也可以中途参与讨论。但前提是这次活动是读书会，来参会的如果没有读过，就应该在旁边老实听着。这不就可以了吗？

T：这么说也有道理，本来就是为了我们自己搞的活动。

最后，当天的参加人数大约有 50 人。我还是觉得多，但负责人准备了可容纳 200 人的会场，她很不满地说："今天来的人很少。"但这次读书也因此得以对许多细节问题进行深入的探讨，是我"不满"较少的一次活动。这应该说是成功还是失败呢？

VOW同一期上还刊登了一则由山埜麻耶写的《读书会之邀》，内容是邀请读者阅读由挂扎悠子写的《身为"女同"》（河出书房新社，1992 年）。

"在大家都莫名觉得疲惫的当下，让我们轻松地喝茶或啤酒，甚至是鸡尾酒，聊聊自己的心中所想吧。"

读到这句，我不由得想，为什么不直接把这个作为例会内容呢？例会不就应该是这样的吗？这种程度的内容就好，何必搞得那么煞有介事？

让我们回归初心，好好想想我们的女性学研究会到底是为了谁、为了什么而创立的吧。最首要的，是为了我们自己啊！

担任《女性学年刊》创刊号主编时

2009 年

创刊之前

那是一个有满腔话语无处倾诉、无人倾听，当时的杂志又不愿刊登我们文章的年代。进入大学的女生对自己在研究领域中所处的地位感到不适，想诉诸文字予以批判时却无处发表。例如在我的研究领域中，有一本名为"社会学评论"（日本社会学会）的业界杂志（学会期刊），但我想书写的内容却因被批过于偏向女性主观意识、"过于情绪化而缺乏客观性"被拒绝刊登。过去我也写过研究论文，但只有在写女性学论文时，才会怒火攀升，我自己也感到对这个主题无法保持冷静。

因此我想创办一个属于女性学自己的刊物。最近有不少年轻人离开原有的论坛，以自己的力量创办《自由职业者之自由》（*Freeter's Free*）、《迷失的一代》（*Lost Generation*）[1] 等杂志，每当看到她们，我就不禁感慨我们在做着同样的事。不过我们的期刊是白手起家，没有商业出版社的支持，也没有书店替我们销售，

1　此处指泡沫经济崩溃后的 10 年间面临毕业找工作的一代人，大约出生于 1970 年至 1980年左右。

完全靠我们自己摆摊吆喝。

《女性学年刊》诞生之前，日本女性学研究会经济学分科会的田中由布子等人创办过一本名为 *Oikos Nomos* 的刊物。由 oikos（家）与 nomos（秩序）合成的拉丁语 oeconomica（家政），是英语 economy（经济）的词源。刊物由成员手写油印，成品质感很像现在的同人杂志。因为很多人不知道这本刊物的存在，特此记录为念。

我们的期刊之所以叫"年刊"，当然是因为我们自觉即使竭尽全力大概一年也只能出 1 次，不过在我内心的某个角落也一直有一个念想，希望读者看到我们的期刊能联想起 20 世纪 20 年代法国的埃米尔·杜尔凯姆[1]、马塞尔·莫斯[2]等众多优秀的年轻跨学科社会学者、人类学者组成的研究团体出版的《社会学年刊》。杜尔凯姆等人创建的这个跨学科团体对之后的布勒东[3]、兰波[4]等超现实主义艺术家也有一定的影响。我心中的这个愿望应该也无人知晓，特此记录为证。

1　埃米尔·杜尔凯姆（Émile Durkheim，1858—1917），法国社会学家、人类学家。

2　马塞尔·莫斯（Marcel Mauss，1872—1950），法国人类学家、社会学家。

3　安德烈·布勒东（André Breton，1896—1966），法国诗人、评论家、超现实主义创始人之一。

4　让·尼古拉·阿蒂尔·兰波（Jean Nicolas Arthur Rimbaud，1854—1891），法国诗人、早期象征主义诗歌的代表人物、超现实主义诗歌的鼻祖。

确立编辑风格

规则是《女性学年刊》的基石（虽然之后被多次修订），最初的规则制定者也是我，说出这句话的我颇有一些自豪。

规则之一就是采用编辑委员会方式和独立核算制。编辑委员会的会长和委员都采用毛遂自荐的方式，能够不受任何人的制约，制作自己想要的刊物。创办《年刊》的初衷就是为了自己，自然优先选用编辑委员写的稿件，而想要发表论文就要负责繁重的工作。除此以外，选稿的原则还有优先选用志向明确、立场鲜明、在其他杂志刊登可能性较低的文章。这个原则和一般杂志编委的"中立、公平"原则是完全相悖的。

另外，为了避免信息的过于集中和经验值的差异加剧，编辑委员会采用每年轮换制（《时事通讯》编辑部也采用相同的方式）。我们用这种看似极为不稳定的运营方式，30年间出版了30期，培养出了30位主编和数量再乘以10的编辑委员。众人用身体去记忆期刊编写方式和论文创作方式，很多人在担任过1次编辑委员之后，第二年起就能变成很好的写手。能够储备如此多的人才是我们的一大财富。

另一个规则是评论员制度。坦白说，这是借用自东京大学研究生自主创办的《社会学》（*Sociologos*）时的编辑方针。当时这份刊物也是研究生为了发表一般学会期刊不可能刊登的充满实验性与野心的论文而创办的（不过现在的《社会学》已经彻底变味了……）。

一直以来，我都对学会期刊充满权威主义色彩的非公开审稿制度持怀疑态度，因此想要创建一个制度，能让评论员与作者能够面对面地反复讨论，直到把论文改写成双方都能接受的文章。评论员制度付诸实施之后，双方的讨论过程果然如我所料，十分有趣。以下是在实践过程中获得的几则经验。

收到评论意见的作者通常可分为两类：一类是怒斥对方失礼的作者，另一类是深受感动、表示生来第一次有人如此认真地阅读自己论文的作者。前者通常是已经发表过多篇论文的作者。

一篇论文通常在经历两次评论后就会有非常好的结果。第一次评论后，作者往往把评论员给出的各种意见悉数采纳，导致第一次改写后的文章出现过剩反应。评论员读过原稿，因此在看到第一次的修改稿与原稿的落差后，可以发现这样改写会导致焦点模糊，无法真正表达出作者想写的内容，从而再次引导作者厘清思路，明确表达的重点。每一篇论文都会在第二次修改后焕然一新。可以说，最终定稿是作者与评论员共同完成的，双方所费的心血与时间使文章读起来非常通俗易懂。

评论员为2人合作制，一位是专业领域与文章主题接近的人，另一位则是非专业人士。由于我一般都是属于专业评论的一方，因此每次都请另一位评论员先评论。在评论过程中，我注意到双方的评论意见有9成都是重合的。由此诞生了我的"名言"——"外行不明白的事情，内行也未必清楚"。

即使是非专业人士也能发现论文的缺陷。不过评论意见不同于批判或反驳，而是通过建议，帮助作者更好地把自己想说的内容用通俗易懂的方式传递给读者。在此过程中，我们逐渐整理出类似于"站在作者的立场上考虑如何更好地表达""不批判不反驳""自己都做不到的，不能要求对方做到"等评论员手册的基本准则。

非专业评论员在评论时，会直接参与一篇30至40页400字的文稿纸的"论文"的诞生过程。这对评论员来说也是一笔巨大的财富，不少人在经历这一过程后成长为新的写手。

未竟之事

遗憾，当然也是有的。

一是评论员日趋严格，评论变成了评审。评论员制度重视双方面对面的交流，但随着身在外地的"远方会员"投稿量的增加，评论员多与作者素未谋面，"评审"的趋势也日渐增强。

二是关于文章的风格。女性学是将女性的经历和经验付诸文字。每位女性都有想对他人倾诉的内容，基于这一信念，我们期待的文章是不同于学术论文的，至少是没有注释或者参考文献的，然而这个期待最终也随着女性学的制度化而破灭。在女性学确立的过程中，女性学自身的学术化走在了将其他既存学术女性学化的前面。世界各国的女性学知识体系在短时间内迅速完善，借用斋藤美奈子[1]用滑雪场做的出色比喻，当下女性学所处的状态是"山顶附近的激战近乎杂技，充满知性，山脚下的娃娃练习场中却仍然日复一日进行着相同的议论"（《书之书》，筑摩书房，2008 年）。这是最令人遗憾的。

令人欣喜的是，每当有新的主编诞生，她们都会努力尝试新的文体、文风和文章类型，进行种种实验以对抗这种学术化的倾向。

下一阶段

日本首部以"女性学"冠名的刊物诞生至今已经 30 年了。其间又诞生了《女性学》（日本女性学会）、《社会性别研究》（国立女性教育会馆）等数种类似的期刊。新诞生的刊物有了学会或研究所之类的制度保障，我们这本自编的《年刊》也完成了它的历史使命。若还想继续，就必须考虑如何区别于其他的类似刊物。另外，信息技术革命导致纸媒日趋衰退，也可以考虑选择把阵地转移到网络上。30 周年的今天，我们需要停下脚步认真思考。

1　斋藤美奈子（1956— ），日本文艺评论家。

编辑委员这份工作——《女性学年刊》的危机

1997 年

回归初心

赤崎久美女士：

拜读了上一期的 *VOW*。

《女性学年刊》（以下简称《年刊》）正面临危机吗？我无法参加 8 月 4 日的集会，请容我以此信代为参会。作为《年刊》创刊成员之一，也作为"论文写作方法""评论方法"等原案的创作人，我有几点想要阐述。

用一句话概括，就是"希望《年刊》能回归初心"。《年刊》创办的初衷是让我们能有一个属于自己的天地发表其他杂志社不愿意刊登的文章。为此我们不顾世间"这种玩意儿也算学术"的冷嘲热讽，白手起家，用自己的双手创办出这份期刊。

近几年，我听到的各种纠纷让我对《年刊》的未来感到不安，这种不安简而言之就是"大家是否把《年刊》看作一本客观而具有普遍性的学术期刊了"。"客观而具有普遍性的学术期刊"别处也不少。我们的《年刊》难道是"为了振兴日本女性学"这一"社会性目的"而创办的吗？我们的宗旨首先是"为了我们自己"，即使从结果来说最终"振兴日本女性学"，也不能影响原本的优先顺序。"为自己"优先于"为他人"，这才是女性主义的基本。

日趋严格的评论

以几起纠纷为例分析。

最初传入我耳中的一起纠纷是有作者表示评论员的意见过于严厉，双方起了冲突。评论员的意见不但没有帮助到作者，反而让作者胆战心惊，表示"如果我的文章要受到如此严厉的批评，那我写不了"，结果适得其反。评论员的"严要求"当然是因为"高标准"，这本身没有任何不对。问题在于"高标准"的内涵：究竟什么样的文章才能算一篇好的论文？这个标准要如何制定？

若是一篇"客观而具有普遍性的学术论文"，那么别家杂志也会刊登，不必由《年刊》来背负这个责任，毕竟女性学相关媒体的体量比起《年刊》初创时期已有大幅度的增长。我们创刊之初的原则就是优先选用"其他媒体不会刊登的论文"或"在其他媒体上关注量较少的论文"。

评论员制度诞生之初，是希望它能作为一种把外行培养成论文写手的"实习生式"训练。即使从未写过论文，也可以成为论文的读者，并且能够给出适当的评论。借助评论员的工作，对他人所写的论文给出点评，在第一线见证一篇作品的诞生，在给作者的建议与反馈中让自己成长为下一个写手。这就是我们评论员制度的结构流程。由此可见，评论员给出的意见必须做到"站在作者的立场上，帮助作者把自己想表达的内容更好地传递给读者"，这种"帮助"不等于把"论文必须这样写"的自我偏见强加于他人。同时，虽说女性学注重表现自我的思想，但也不能独断专行、自以为是，文字必须是通俗易懂的，便于和他人分享，这才是我们的"初心"。

有关稿件评论，我还听说了一个截然相反的例子。由于近几年《年刊》水准的提高，出现了不少作者投递来的稿件有一股"学术论文"的味道。评论员要求作者"请再改写得简单易懂一些"，却招致作者表示"受到侮辱""失礼至极"的怒火。对于这些暴跳如雷表示"从未遇到这种情况"的权威主义写手，请同情他们"从未遇到这种情况"的"不幸"，并在详细说明我们的选稿方针后，郑重地请求他们收回稿件。我们的作者中也有对"从未遇到这种情况"表示欣喜万分的。在众多学术期刊中，能有几家像我们这样一篇稿件配多个评论员，不但给出细致入微的意见和建议，还给了重写的机会？请考虑一下编辑委员会和众位评论员为此要付出多长的时间与多大的心血。

值得强调的是，评论员制度和一般学会期刊常见的审稿制度非常不同。一般审稿制度的整个流程绝对不会公开，只是根据学会期刊的审稿标准对稿件做出合格或不合格的判定。我们的评论员没有这样的权限，充其量只是和作者共同努力，把文章打造成能与读者共享的文字。是否愿意采纳评论员的意见，决定权在作者本人。

我是某女性学相关学会（这样说大家估计立刻就明白了）的会员，曾被该学会邀请担任某论文的评审。我认为非公开的评审对作者不公平且违背女性学精神，向学会提出如果可以公开评审身份并与作者直接交流就接受这份评审工作。最终我拒绝了那次评审。

我们的评论员制度是请专业学者与非专业人士一起，多人同时参与一篇稿件的评论。通过我自身经历过的数次评论，我明确了一个"真理"，那就是"外行不明白的事情，内行也未必清楚"。

《年刊》私有化？

再介绍一个最近的例子，是赤崎女士在文中提及的对"编辑委员会正把《年刊》占为己有"这一问题的批判。编委受到这样的批判十分懊恼。这种懊恼，可能是出于不少人觉得已经如此努力"为大家"工作了，为什么还要遭受这种言语的抨击？也有可能是出于对投稿人无端指责而产生的焦躁。《年刊》是"为了我们自己而创办的杂志"，但投稿人认为是"为了社会，为了他人，为了学术的公共性"而存在的。其实，这样的投稿人只不过把《年报》当作为了投稿人而存在的刊物，自觉是自由写手，不用负担任何编辑的责任。

编辑委员的《年刊》私有化有什么问题呢？何必要畏惧这种"编辑委员正把《年刊》占为己有"的批判呢？日本女性学研究会的原则是"想要出口就得出手"，因此想在《年刊》上发表自己论文的人就要担任编辑委员，手口齐动。在我的记忆中，《年刊》稿件录用的优先顺序是"以会员的论文为先""以编辑委员的论文为先"。我们是一个为了努力自救而存在的团体，这样做不是理所当然的吗？我们一直在说，"想要发表论文，请先成为会员"。若有人指责这条原则"排外"，请对他说："您要不要先成为编辑委员呢？这样就可以优先选用您的稿件。"会员也好编辑委员也罢，在我们这里，只要自己想做就能做。决心"今年一定要在《年刊》上发表论文"的人主动报名担任编辑委员，这就是《年刊》最初设计的理想的运营模式。

最近我因为工作关系变成"远方会员"，无法"动手"所以也就不"动口"。对于《年刊》的质量不说什么近似批判的话，只是默默地做着"街头小贩"，推销我们的年刊（笑）。只要我还希望"有人来阅读我们的《年刊》"，那就要为促进销售做出贡献吧。若没有这种想法，可能我也放弃了，何况我还有其他的媒体渠道，选择《年刊》的必要性也就更低了。

也许有人会问，既没有其他媒体渠道又身在外地的人该怎么办呢？这确实是个问题。虽说可以用通信手段担任他人稿件的评论员，但仅是这样并不能办好一份刊物。我们可以通过这种手段达到"平权"，但如果最终刊登的稿件完全被几乎无法"出手"的"远方会员"占领，那就是值得反思的问题了。我们只能对这样的"远方会员"说："抱歉，请您在您能够亲力亲为的地方开展同样的活动吧。我们就是这么一路走来的。"因为我们办《年刊》不是为了"慈善事业"或"学术的公共性"（啊，能这样直抒胸臆真让我神清气爽。毕竟我们只是一介民间团体，并不是官方学术团体）。

然而近年来，不但《年刊》上没有编辑委员的论文，连主编都忙得顾不过来。编辑委员变成"为他人"做贡献的志愿者，就这样还要受到"将《年刊》占为己有"的抨击，也难怪委员想甩手不干了。在这一点上，我还是建议《年刊》必须回归原点，重新立足于"为自己办杂志"上。

"编辑委员这份工作"

"编辑"与"执笔"这两份工作本可以体验到两种不同的乐趣，前提是"编辑"不是只能单纯地收稿件，而是能充分地掌握主导权。几年前有一位主编办过一期"少数群体"专辑，被批判"独断专行"，但无论是在约稿中的纠结还是最后的结果，那一期办得都十分有趣。那位主编一改往日的稿件征集方式，采用专辑主题约稿，充分发挥主编的主导权，这不是很好吗？而且她比所有人都付出了更多的时间与精力。有趣的是，收到约稿的作者中有人在自己的文章里对该期"专辑"进行了批判。这种"用户回馈"使该期专辑从理论和实践上都让"少数群体是指什么人？由谁来定义？"这样的根源性问题引起了大家的注意。这位主编成功地让我们共同分享了一次宝贵的经验。

还有一期专辑是"性"，卷首文章刊登了一篇非常"不学术"的座谈会记录。我听说是当时主编的"英明决断"，充满冒险精神地打破期刊传统才得以刊载。"这不是很好吗？""虽然有点冒险但也值得一试"——如果"编辑"这份工作能让"一时兴起"充分发挥作用，那么"编辑"和"执笔"应该会有不同的乐趣。

"从女性视角出发"

既然提到"私有化"，我再提一个因退稿而产生的纠纷。《年刊》的办刊宗旨中有一条基准是"文章必须从女性视角出发"。至今为止，编委会已多次因视角问题拒绝刊载投稿，特别是男性作者的投稿。然而被拒作者认为编委判断不公，因此引发争执。"从女性视角出发"这一表达方式十分模棱两可，究竟由谁来判断呢？

这个问题的答案非常简单——"编辑委员会"的"主观"判断。不过，也不必觉得这种争执是在浪费时间。只有在这种场合，才能从争执的文章中让作者看到编辑委员会对"从女性视角出发"的判断，而作者对女性学的定义与看法也得以体现。同时，双方还必须明确阐述并让对方了解自己的想法。

如果作者无法接受"编辑委员会"的"主观"判断，那就只好建议作者亲自加入编辑委员会。编委会的成员构成一旦发生变化，判断基准自然也会动摇，因此历年选稿才会时紧时松。这样也很好。编辑委员会的成员也是人，期刊体现出编辑个人的独特风格是理所当然的。我们的女性学研究会是一个激进的直接民主主义团体，甚至连全体大会都取消了，若是出现既能动口又能动手的厉害角色，也许连整个研究会都会被"占领"（笑）。《年刊》选稿不会有别的做法。不满意就动口，想要动口就必须动手——这一原则也是我们的"初心"。

保持激进

构成《年刊》危机的外部环境变化与女性学的制度化有关。《年刊》创刊将近20年。"女性学？这玩意儿能算学科吗？"的时代已经终结。大学中女性学讲座和课程都在增加，以往无法想象的靠女性学研究获得大学教员职位也已经成为现实。日本女性学会成为日本学术会议的正式成员，并开始定期出版学术期刊。获得大学教员职位的女性可以在大学期刊或专业杂志上发表论文，而且身为教员就必须承受不发表论文就无法生存的压力，因此偏向男性的综合杂志也开始刊登有关社会性别的论文了。《年刊》初创时女性学相关刊物稀缺的时代已经过去。

女性学的这一变化又分为量变与质变两个方面。从量变角度来说，论文数量与媒体传播手段都在增加，既然有了其他刊物可以发表，我们这种既无报酬又费时费力还没有销量的杂志确实可以不必再办了，《年刊》已经完成了它早期的历史使命。如此说来，我们完全可以办一期"终刊号"光荣退场。世间万物有始必有终，"如何结束"与"如何开始"同样重要。若《年刊》逐渐走向编委不断付出、各方皆有不满、最终成品质量又差的地步，对谁都无益。

从质变的角度来说，这二三十年来女性学研究硕果累累，作为一个新的门类确立了学术地位。但与此同时，女性学的门槛也日益提高，外行人士没有专业理论或概念，不做任何准备就无从下手。初创时期教育者和受教育者都处在"来，谈谈自己的经历吧"的意识提升与变革阶段，而现在显然仅靠这些已经不够，换句话说，女性学中已经产生所谓的"职业选手"与"业余选手"。

《年刊》中写着"女性学是任何女性都能够研究的学科"，而现实就连这句话都逐渐行不通了。虽然我在自己的教育工作中一贯坚持培养"职业"研究者，但没有必要以同样的方式要求所有人都成为研究者。《年刊》选稿水准的提高和评论员意见日趋严格，多多少少也反映出了女性学这一质的变化。最近，《年刊》里的文章变得难懂了，作者里研究生和专家越来越多了……这些不满时有耳闻。

然而，《年刊》是否有必要迎合"学术研究"的水准呢？在编委成员中有人觉得《年刊》作为日本最早的女性学研究期刊，绝不能降低水准，必须带着"百年老店"的骄傲跑在学界的最前沿。但是"最前沿"是什么？"最前沿"应当是问题出现的第一线。所有的学科研究都是从"第一线"中提取概念、生成理论的。"第一线"的状况无时无刻不在改变。10年前的"第一线"不再是今天的"第一线"。女性的问题的确发生着变化。

女性学的制度化引起女性学界中坚力量层之间的代沟问题。我们这一代在开创女性学时，眼前并不存在所谓"女性学"这一学术领域。说得好听一些就是"世上本无路，只是走的人多了，也就成了路"。女性学的先锋一代各自经历了女性主义的洗礼，伴随女性运动走到了今天。而对年轻一代来说，女性学是一门已经成形的，用来学习、批判或保持距离的学科。特别是在大学中，女性学专业的学生往往是本着对知识的兴趣开始学习，立志成为研究者的，既缺乏生活经验也完全没有经历过运动。这种状况令我相当为难。女性学是一门"战斗的学问"，与女性主义运动紧密相连。女性学成立之初，将女性学定义为"女性主义运动的理论武器"，这一定义至今有效。

不过，虽说女性学的中坚力量开始分化为"职业"与"业余"，但这并不意味着我想要提倡《年刊》必须"面向业余读者"。我认为只要我们坚守在女性表现自我的第一线，不压制在第一线自发产生的表达意愿，我们就能立足于学界"最前沿（最激进）"的地位。在这一意义上，也让我们回归"初心"吧。《年刊》创刊时，我们的初衷不是为了无处倾诉的女性开创一个属于自己的发声之处吗？而这个"发声之处"采用"学科"这一形式，虽说出于偶然，但其实也是因为大家对"知识共享"的信赖（上野千鹤子《"我"的高度社会学》，选自《岩波讲座现代社会学1　现代社会的社会学》，岩波书店，1997年）。

在此，我想举出一个"发声"的实例。挂扎悠子女士最新的文章《被抹消（抹杀）的事实》（收录于河合隼雄[1]、大庭美奈子[2]编《现代日本文化论2　家庭与性》，岩波书店，1997年）就是在问题出现的"第一线"发出的声音，是绝对"激进的"声音。所谓"保持激进"就是永远站在战火灼人的"第一线"。《被抹消（抹杀）的事实》出版时，比起挂扎公开自己"身为'女同'"（1992年河出书房新社出版的著作标题）的时期，女同性恋所处的"第一线"已经发生了很大的变化。挂扎女士采用全新的文体陈述了这种变化，表达了她自身对此的焦躁不满。我十分敬佩她

1　河合隼雄（1928—2007），日本心理学家。

2　大庭美奈子（1930—2007），日本小说家。

坚忍不拔的精神。

挂扎女士的新文体既非诗歌也非散文，当然也不是论文，恐怕无法归类到任何一种现有的文体，但这一新文体充分体现出她表现自我的迫切需要，也充分证明她正站在 20 世纪 90 年代当下"最前沿"的"第一线"。她的这篇文章被夹在了河合隼雄和大庭美奈子两位对异性恋与家庭价值深信不疑的编者的文章中。这种编排让我觉得非常不合适，简直忍不住想对着书本喊："挂扎女士，这不是你该待的地方！"我甚至担心被收录在这种书籍里，会导致她的声音无法传递到那些本该对她有共鸣的读者耳中。话虽如此，居然在以"家庭与性"（虽说把"家庭"和"性"作为一个主题来对待的做法令我十分费解）为标题的书籍中收录挂扎女士的文章，这一事实也许能看出编纂者的见地。

我想在《年刊》中看到的就是这种"激进"，侧耳倾听女性的声音，在她们努力挣扎地发声时及时伸出援手并加以培养，充满冒险精神，勇于粉碎一切试图成为"权威"的事物。我的这份期待过高吗？

反正我们也是从一无所有起步的，自然也没有什么可以失去的。关西女子的气魄不就是不怕出丑吗？若能抱有"用《年刊》尽兴游戏"的想法，"编辑委员这份工作"应该还是挺让人享受的。因此，即使当下女性学的各种刊物不断增加，我仍然坚信《年刊》有它存在的意义。

我近来脱离了"第一线"，只能依靠各种传闻和信息做出判断。若我说错了什么，还请您原谅。若有什么能让我这个"远方会员"出一份力的，也请随时告知。

自己渴望解脱

1982 年

在我执教的女子短期大学里有一个女性学研究会。一次课后，我询问学生是否有问题时，一位女生迟疑地开口问道："研究女性学有什么用？"她的提问犹如尖刺扎在我的心口，无法拔除。

她说，女性学只会越研究越不满，看到女性的境遇心中的怒火不断积聚却找不到解决的方法，想作为女性主义者在这个社会上生存下去，到头来总被打压。真是越学越痛苦。

既然迟早是要醒的，与其任其安睡不如早日唤醒——不过我并不想假装潇洒地说女性学是为了唤醒沉睡中的人们。我被那位女生提问后，瞬间露出一丝胆怯。我语无伦次地给出了这样的回答——研究女性学是因为自己渴望解脱。

渴望解脱，却常常意外地陷入无边的痛苦。但并非从一开始就在追求痛苦，也无意陶醉于在痛苦中扮演女英雄。我想表达的是，我是真的一心渴望解脱才坚持女性学的研究的。不知道我的这份心情，是否传达到了那位女生的心中。

追求解脱有各种战略：有迎合他人的解脱，也有忠于自我内心的解脱。哪一种才是真正的解脱？选择不过是骗人的把戏。其实是你与我之间的关系在渴望解脱，这种解脱道阻且长。

每当忍受不了时，就稍事休息。解脱的方式多到让人无从选择。有一种方式是横跳一步退出第一线，与自己、与他人、与世界和解。借用亲鸾[1]上人的说法（非常抱歉），我把这种方式叫作"横超[2]"。每个人都有适合自己的解脱方式，而在我看来，只会让我因郁闷与不甘而咬牙切齿："你这家伙！怎么可以这么早就想解脱！"这种时候，一个耳光把她打醒也是一种慈悲吧。

我总觉得女性（不仅是女性，所有日本人）都过早、过于简单地得到了"解脱"，过于轻易地和解，只追求"适合自己"的幸福。总有一天，我们会意识到轻易获得的东西，其价值也不过如此。

姐妹们，是否觉得我们正为了一心渴望解脱而忍受痛苦呢？女性学就是解救我们自身的漫长道路之一。

1　亲鸾（1173—1263），日本镰仓时代初期僧人，净土真宗祖师。

2　"横超"最早见于中国南朝时期的《无量寿经》，后由亲鸾承其说，指横超者选择本愿真实报土即得往生，成为日本净土真宗所立二双四重教判之一。

女性学是兴趣爱好

1980 年

昔日学园斗争盛行之时，一位友人提出了"作为兴趣爱好的学生运动"论调。那时，学生人人都豁出性命参与斗争。真的是豁出性命，当时出现过受伤甚至牺牲的学生。在那种氛围下，提出自己参加学生运动仅仅是"兴趣爱好"，从某种意义上来说也是需要勇气的。我们都是小资家庭出身的学生，既不是"受压迫的劳动阶级"，也不是"学生社会的吊车尾"。我的一位朋友甚至因为无法发现自身的问题，前往冲绳和釜崎[1]寻找"问题"。他那可笑的"实诚"令我侧目。对我们来说，斗争近乎"自我表现"，是为了自己，而不是为了他人。因此，把斗争用"兴趣爱好"一词来表现的朋友把我们远远推开，让我们看到了他身上的刚强与韧性。

女性运动的现状与那时相比平和了许多，毕竟都有了联合国妇女十年之类的官方认可。现在再主张"作为兴趣爱好的女性学研究"不但没有冲击力，甚至会被人贬为"什么呀，女性学看来

---

1 指日本大阪市西城区一部分的旧地名，曾以"暴动"等治安问题严重而闻名。

和烹饪学校没什么两样嘛"。本来社会上就已经出现了让人无比窝火的说法，说女性学不过是女性用来表示自己"稍有学识"的装饰品，若再提出"女性学是兴趣爱好"，管保会让大多数人紧皱双眉。

日本女性学研究会中有一位前不久在自己的大学里开设了女性问题研究会的活泼女生。她对我们研究会发表了这样的感想：

"来这个研究会的女性似乎都是拥有安定生活的人。"

我微笑着对她的观察表示同意。

何为"安定的生活"呢？我们的会员中多为"不用工作也能幸福生活的主妇"或者"工作环境优越的幸运儿"，经济方面确实比较安定。当然，幸福不是用金钱购买的，还需要家庭内稳定的人际关系。从会员在周日大白天独自一人来参加集会可见这一方面的"安定"也有保障。若她们都无从体验女性运动对压迫和歧视的斗争，又不是"受虐待的妻子"或是"受歧视的女性劳动者"，那么她们只好否定自我，或诅咒自己无法察觉"潜在压迫"的"迟钝"。

运动是为了拯救"可怜的他人"，这是个早已明确不过的谎言，话虽如此，也不需要把自己打造成一个"可怜人"。若能有什么让我们在正确认识自我现状的基础上付诸行动，那么似乎也可以权且称之为"兴趣爱好"。

会员 N 女士是研究会志愿者分科会的成员。她身为享乐主义者，与志愿者格格不入之处数不胜数，但是她用一句"我凭的是兴趣"漂亮地抵挡住了一切怀疑。说真心话，我也想说"女性学就是我的兴趣爱好"。

正因为是兴趣爱好，所以更加细致认真。正因为是兴趣爱好，所以一丝都不懈怠。没必要摆什么架子，女性学并不比烹饪学校更高级。烹饪学校中互相传授生活智慧的女性之间有着鲜活的和善与关爱。我是觉得女性学研究能成为兴趣爱好的领域就好了。

女性学是什么？

1981 年

东京的女性学研究会出版了《创造女性学》(劲草书房，1981 年）一书。若以为读了这本书就能明白何为女性学，简直是大错特错。这本书只能让女性学所处的错综复杂的现状变得越发明显。

井上辉子把女性学定义为"女性为了女性而进行的有关女性的学科"。然而关于女性学定义出现了不少争论，争论的焦点可以简单地归纳为以下 4 个问题：

（1）女性学的研究对象

（2）女性学的研究方法

（3）女性学的研究者

（4）女性学的研究目的

将井上的定义对应以上 4 个问题，可以得出女性学是"（1）以女性为研究对象，（2）基于女性视角（研究方法），（3）由女性进行研究，（4）为了女性（目的）的学科"。

然而对于这个定义也出现了如下异议：

（1）研究对象：是否仅以女性歧视为研究对象
（2）研究方法：是否存在女性学固有的研究方法
（3）研究者：是否只有女性才能进行研究
（4）研究目的：是否仅以女性解放为研究目的

所有问题可以总括为"为何只能是女性"为依据。各方争论中意见看似一致的只有（4）研究目的——"女性学是为了女性利益的学科"，因此不存在价值中立。然而当今社会，扩军与裁军双方都可以打着"为了国家利益"的旗号大行其道，即使有共同的目的，战略也未必一致。以下容我就问题（1）~（3）进行论述，以期厘清错综复杂的现状。

（1）研究对象

提出"是否仅以女性歧视为研究对象"的人士通常将女性歧视与阶级歧视、种族歧视或部落民歧视[1]等视为同类。对此，我只能说女性歧视与其他歧视确有共通之处，但也有差异。

我觉得必须阻止他们主张"女性学应当以所有歧视问题为对象"、把女性歧视等同于其他歧视问题的企图。将女性解放

---

[1] 部落民指日本江户时代形成的身份等级制度中被排除在士农工商之外、划定为最下等的群体，虽然该制度在明治四年已被废除，但对部落民的歧视至今存在。

运动与第三世界国家的独立解放运动、反对公害、反对核电站运动联动，建立统一战线，作为实践战略确实有一定帮助。然而缺乏正确的自他认识的人民战线，自古以来从未有过成功的先例。

女性歧视与其他歧视的差异，在于女性歧视范畴内在的互补性（没有其他性的存在，则女性歧视不成立）。在一个文化社会体系中，种族歧视或阶级歧视即使没有内在的不同种族或阶级也仍然能存续，这种歧视对体系来说处于次要地位。从互补性的角度来说，性别歧视与部落民歧视更为接近。据对受歧视部落的历史研究显示，部落民是为了维持某种体系的完整而制造出来的不可避免的分界线标识。即使不是部落民，也会有其他人成为分界线标识。平民想要保持平民的身份，就需要有部落民成为互补成分。

然而性别歧视与部落民歧视也存在差异。部落民是作为一个群体被分割出去的，而性别歧视是在一对男女中以互补的形式表现出来的。为了社会的存续，一对男女的互补性不可或缺。可以说，深深存在于文化与个人的身份认同感的核心之中的，正是性别歧视的互补性。

女性学的研究对象就是性别歧视的这种固有性质。那些无视性别歧视的固有性质，将女性歧视等同于一般歧视，组成所谓正义联合战线的人，只是为了逃避将身份认同感的核心视为问题而自我欺骗罢了。

（2）研究方法

提出"是否存在女性学固有的研究方法"的人士认为女性学与老年学、人种研究、地域研究之类一样，属于跨学科研究。所谓"视角创造对象"，可以说女性学的视角本身就已经发现了女性学固有的研究方法与对象。女性学视角拥有的内在互补性足以使女性学从根源上与原有的研究方法区别开来。从这一点来说，被认为是由各学科研究拼凑而成的老年学也有可能拥有其固有的研究方法。老年学的研究主题正是从如何对待老人这一客体出发，逐渐转移至研究作为主体的个人与社会如何接受衰老与死亡。相对于其他学科几乎为"青年视角"独占的局面，"老人视角"从根源上实现了将老年学区别于其他学科的功能。当"衰老"这一新概念发现了老年学的新领域时，老年学的固有方法与对象就已经成立了。

女性学能够制造出固有的概念装置，并且现在已经在逐步制造中。让我们尝试用"是否存在哲学固有的研究方法"进行类比。哲学的工具无非是思考赤手空拳编织出的数种认识的工具集合。视角可以创造研究方法，工具材料也可以从相邻的学科领域借用，这属于认知者的智慧。人类学从语言学中借用模板，并不会有人说人类学没有固有的研究方法。或者也可以说"固有的研究方法"本就不存在，存在的只是等待解答的固有问题集合，这才是重点。面对这一重点仍在坚持"女性学没有固有的研究方法"的人士，只能说他们的知识学术体系有教理自卑情结。

（3）研究者

提出"是否只有女性才能进行研究"的人士，当然想让男性加入女性学研究。男性加入女性学研究的益处：①可以证明女性学有着不排斥男性的包容性；②从理论上来说，男性的加入可以获得综合性的研究视角；③更进一步说，把作为社会强者的男性排除在研究之外对女性学的发展不利；④从实践上来说，男性加入研究，对提高女性学的社会评价是十分有必要的。

排除上述实践性的考虑，剩下的问题就是"男性能否进行女性学研究"。这一问题与"白人能否参与黑人解放"颇为相似。加入女性学研究的男性与研究异文化的人类学者相似（这样说也许会激怒某些人）。问题在于，人类学者要做出何种努力才能记录自己所属的群体以外的文化。仅让原住民资料提供者讲述自己的文化显然不够，而那不足的部分就是人类学者存在的意义。人类学学者记录的终究只是"他人"这面镜子中自己的文化，也就是与自他文化的距离。人类学学者通过记录异文化，让束缚自身的自己所属的文化牢笼变得更为清晰。换个角度说，原住民若想记录自己的文化，除了以他人为鉴也别无他法。

效仿上述做法，我只能建议想要研究女性学的男性，请以女性为鉴进行自我认识，也就是请进行男性学的研究。一直以来，女性不断地在男性这面镜子中审视自己，可惜这面镜子已经扭曲到让我们无法看清自己的本来面目了（如果有的话）。女性现在终于试图打造自己的镜子了。看到女性镜子中的自己，男性一定会惊讶不已吧。

但是女性学不同于一般异文化的理解之处，在于异文化分析出的具有互补性的另一面。以往男性创建的人学其实包含字面意思的人类学（还算有点用）与男性学。女性学能够以女性视角为鉴，从人类学中分析出男性学。换言之，可以明确地说，女性学与男性学是对人类互补性身份认同（性别）的研究。小林秀雄[1]在《致 X 的信》中写道："女人要求我好好做男人（不是"人"——引用者注），我被这个要求吓了一跳。"时至今日还会被这种要求"吓一跳"就很让人苦恼。女性学希望有男性的参与，但目的不是让男性作为他人来研究女性，而是希望男性以女性为鉴认识自身。恺撒之物归于恺撒。男性，请研究"男性学"吧。我们在战后的革命运动中学到，解放是自我的解放，要想走上与解放他人的运动合作的道路，只有先从解放自己的双脚开始。男性，请先拯救你们自己吧。

　　综上所述，女性学有着自身固有的研究对象、方法、研究者与研究目的，为了不逃避自身的问题，这些足以写入女性学的宣言。只有不愿意看清事物本质的人才会在议论中混淆视听。女性学范畴的过度缩小或扩大都是导致女性学解体、还原为其他学科的毁灭性道路。然而令人遗憾的是，关于这一点，女性学研究者至今尚未形成共识。

1　小林秀雄（1902—1983），日本作家、文艺评论家。

女性组织论

1980 年

　　女性学研究中，想要做什么（WHAT）和怎么做（HOW）是紧密相连的，因此不适用金字塔型的组织结构。所谓"旧瓶装不了新酒"，若以传统男性社会中培养起来的权威主义组织原理去运营有志于女性学研究的团体，那么这个团体就完全没有"女性学特质"了。

　　怎样的组织形式才具有"女性学特质"呢？脑海中出现的形象犹如一片汪洋无边无垠，即使用"非金字塔型组织"等消除法也无法准确捕捉。Y女士绞尽脑汁想出了一个"变形虫型"。确实，变形虫的形象和金字塔形象可算是两个极端了。不过，"变形虫型"的实体究竟如何？似乎更加让人云里雾里。

　　打破传统概念的新型运动需要与之相匹配的新型组织论，这并非我们首创。多数反对既有权威的反体制运动都在不断地摸索组织论。此时此刻，建立何种组织与对未来社会形象的期待密不可分。因此不问组织论的团体，其反权威的志向未必真实。直接沿用旧有的组织原理运营的团体，其构想的未来社会不过是取代当下权威的另一种权威。眼下就有某革新的政党搞所谓"民主集中"的微型官僚制度，结果把自己的政党搞成了天皇制国家的微缩模型。

我们从诸多前例中吸取经验，采用"滚石型"组织论。相对于金字塔的稳固，滚石型一直保持滚动的状态，每滚动一次，领导就会发生交替。想要动手实干的人聚集到一起，按研究课题建组，由其中最有热忱与能力的人担任领导。课题发生变化时，领导与追随者随之更迭。

10年后的今天，具有"女性学特质"的组织论仍处在"滚石型"尝试的延长线上。我们期待的不是取代"男性权力"的"女性权力"，而是一个包括女性在内的所有人受到尊重的无权力状态的社会。只要是为了这　目标采取行动的人，都是我们的战友。

我想在此就女性学组织的原则，提出几点启发性建议：

一、组织应当出入自由，不划分会员、非会员的区别。

二、有志者自主成立小组，各种小组的重合交叠构成组织的实体。

三、各课题小组内人员结构丰富，既有"满腔热忱投入"者，也有"想稍稍尝试一下"的成员。

四、有志者不得歧视、强制、蔑视不想参与的人。

五、不想参与的人不得抵制、妨碍、歧视有志之士。

六、任何人不替他人代言，不作为他人的代表。自己的行动仅由自己负责。所有决定由有志之士在自己的责任范围内，在众人达成一致的基础上做出。

七、保障彼此间自由的意见交换与批评。

——除此以外还有什么原则，希望大家也加以思考。

小贩道具组

2003 年

　　每当外出演讲时，我就会对研究室的工作人员说："拜托帮我准备小贩道具组。"短短 5 个字，她们就能明白我想要什么，因为一向如此，大家都习惯了。

　　"小贩道具组"包括日本女性学研究会的期刊《女性学年刊》（以下简称《年刊》）和日本女性学会的学会期刊《女性学》各一册，以及夹在刊物中的订阅申请表各一份。在每次演讲的开头，我都会简单地插播广告，介绍女性学，然后把杂志在会场中传阅。

　　"请翻阅一下，若有兴趣请填写订阅申请。杂志是样本，请小心翻阅哦。"

　　也许你会觉得这样做充满铜臭气，但这就是"小贩"。日本的女性学是在大学之外，由女性民众一手拉扯大的。再补充一句，是我们不计报酬地创办杂志，挑着货担行走叫卖，在全国各地播撒女性学的种子，才令它得以生根发芽的。

　　过去我们真的是扛着一堆杂志到处跑的，毕竟眼前有实物才会激起购买欲。若开口就是"之后再说"就会失去商机。然而随着年龄的增长，肩膀逐渐无法承受书本的重量。而且因为无法推测销量，所以不知道该带多少出门。若有卖剩下的，再扛回去又非常痛苦，总会忍不住把剩下的直接留给演讲的主办方，但长此以往也是一笔不小的开销。为了开源节流，我们决定尝试在现场发传单，但传单的效果显然与杂志实物的冲击力无法相提并论。各种尝试之后，我们和《年刊》编辑委员会商定采用现在这种形式。这样做，不但身为小贩的我们可以轻装上阵，也可以减轻订购方的负担。最近，编辑委员会的委员还贴心地为我们准备了用于邮寄订阅申请表的地址即时贴和信封邮票套装。

随后我又受命担任另一个女性学学术团体——日本女性学会——的干事，同样也需要考虑学会期刊《女性学》的销售问题。既然如此，就采用《年刊》的经验，反正带一套出门和带两套出门没什么区别。"小贩道具组"就这样成形了。

我曾一度听闻西部有人说："最近上野女士对《女性学年刊》没什么贡献呢，也不当编辑委员。"真是一派胡言，我对销售做出如此大的贡献，居然说我对《年刊》的贡献度小！《年刊》的订阅者北至北海道、南至冲绳，遍布全国，其中我的功绩可不小，我可是任命自己为《年刊》的营销部长呢。

期刊的出版并不是终点，这一点常常被编辑遗忘。刊物只有销售出去，送到读者的手上才有意义。特别是像《年刊》这样一开始就与女性学研究会的财务分开、独立核算的刊物，并不会直接发送给会员。与其他学会不同，女性学研究会的年会费中并不包含《年刊》的订阅费，会员必须另外付费购买（我记得如果年会费包含《年刊》的费用就会过高，因此会费与订阅费分别收取）。因此，杂志的创办与销售表里一体。自己的刊物是送往市场的商品，像"女性书店"那样承担刊物流通工作的人十分重要。书也好其他商品也罢，绝不能认为"酒香不怕巷子深"，跷着脚坐等顾客上门。

演讲结束后，我会走到听众中回收杂志样本。打开夹在杂志中的订阅申请表时，总是充满紧张与期待。若表格写得满满的，我心头就会热乎乎的，觉得自己扛着杂志来宣传是有价值的。有时会出现表格写不下直接写在反面的情况。有时也会耍小心机地把前一次会场上填过的申请表充当"托儿"继续使用，"你看，有这么多人对杂志感兴趣呢"。演讲结束后，数位听众走到我跟前说："杂志没有传到我们这里，请给我们看看。""您请您请。"我满心欢喜。相反，也会有表格仍然一片空白地回到我手中的情况，此时我会从心底里感到失望，甚至"诅咒"听众的素质。

有趣的是两本杂志的销量比较。不同的会场，其销量会有所不同。看着《年刊》与《女性学》的订阅申请表，说实话，如果《年刊》的订阅数多我会非常高兴，相反则会心存不满，毕竟我对两份杂志投入的感情不同，我爱《年刊》，当然希望它能卖得更好。因此在插播广告时也会选择让《年刊》更有魅力的语句加以引导——《年刊》是日本首部以"女性学"冠名的杂志，历经20载，是在普通女性的想法中诞生的自创刊物。

另一方面，日本女性学会的刊物《女性学》是有评审制的学会期刊，对于研究生或刚刚起步的研究者来说，能在该期刊上发表论文可以算作学术业绩。因此，对于需要业绩的人来说，《女性学》更有利。不同的听众对两份期刊的反应不同，有些会场中甚至出现集中订购《女性学》而《年刊》无人问津的情况。在这种情况下，我会变得情绪极差，面对听众心里咒骂"你们这群权威主义者"。虽说希望两份期刊都能畅销，但说真心话，我还是希望《年刊》的订阅量能稍微比《女性学》多一些。若会场集中订阅《年刊》，我会心中暗喜，感慨听众心思敏锐。

出版第 19 期"渡边和子追悼特辑"时，因为是战友间的追悼特辑，要对无关人士销售非常困难。我当时是这样宣传的：

> 您也许会想为什么要买一本特辑去追悼一个我见都没见过又知之甚少的人。您读了这一期就能明白日本女性学是在什么人的努力下，又带动了哪些人，从而作为一场运动发展至今的，女性学与女性运动的历史会鲜活地呈现在您面前，传达到您心里。

那一期的销量非常好。

每一期的销售都像在走钢丝。我十分佩服《年刊》的编辑委员。只要我仍认为她们辛苦制作的期刊有足够的价值送到其他女性手中，我就会继续带着"小贩道具组"走遍全国。

话说回来，像我这样当"小贩"的，还有别人吗？

《她的故事》——通过渡边和子看女性主义

2001 年

女性主义者是"获得解放的女性"吗？

若真是如此，她就没必要继续当女性主义者了。

和子女士是一个矛盾体。和子女士一直处于迷茫之中，但她的内在充满无人能抑制的巨大能量，仅这一点就足以成为她身为女性主义者的理由。

初相遇时，她是从美国回来的商务人士之妻。随后，她在大学谋得职位，并积极投身于反对动画片《麻衣老师》[1] 的运动中，表示"怎么能让孩子看这种积极描写性骚扰的动画片（当时还不存在"性骚扰"一词）"。随后，和子女士公开自己受到丈夫家暴的事实并离婚。再之后的情况，大家就有目共睹了。和子女士创建了"全国校园性骚扰联络网"，积极活跃在第一线。她身上那股火车头般的牵引力，让那些嘀嘀咕咕不满抱怨的人也不自觉地被拉扯进来，不知不觉间就搞起了大事情。她心有所想便立刻付诸实施，充满世上罕见的能量。

1　原名《まいっちんぐマチコ先生》，作者为海老原武司，1980 年开始漫画连载，后改编为动画片。内容中有大量中学男生和教师对新来的女教师麻衣的性骚扰镜头和裸露镜头。

在这一系列的活动期间，家庭问题依然困扰着她。烦恼、犹豫、迷茫、受伤，但即便如此，她也没有停下脚步，永远保持开朗与美丽。和子女士如花朵盛放般的笑容深深地印刻在我们每一个人的脑海里。

和子女士有很多缺点，但也被众多朋友接受与喜爱。换个角度说，她也对我们这些人放下了戒心，接受了我们。她生活在矛盾之中，我们每一个人又何尝不是如此？女性主义本身就是在矛盾中生存的女性思想。

我们每个人都能进入"她"的生活，而最终一切都会成为过去，变成《她的故事》，尘埃落定。故事中的她不会再发生改变，也不会再有年龄的增长。她无法破坏自己的故事，也不会用更多的矛盾或迷茫对我们造成威胁。

和子女士，你一定一点儿都不希望被端端正正地收藏在他人的记忆之中吧。当你不作声，我们开始占领死者的声音时，我们知道我们永远失去了你。

30 岁的礼物

2007 年

日本女性学研究会居然已经 30 岁了。难以置信。

这是一个 0 岁的宝宝成长至全盛期开始四处打工为生的年龄。20 岁的松本澄子到了 50 岁，30 岁的中西丰子迎来耳顺之年。这期间有人离异，有人生离死别，有人因癌症去世……这一路真的很漫长。

曾以为女性学很快将完成它的社会使命，退出历史舞台，但是看它仍在活跃，想必历史使命尚未完成。非但如此，开始时逆风而行，不久后变得一帆风顺，然而很快又在一片惊讶声中遭遇逆风四起，完全不能掉以轻心。

当下各地的大学都已开设了女性学，那么作为民间学术的女性学是否还有存在的意义呢？我想断言，有意义。只要阅读《女性学年刊》就可以发现女性学仍在代代相传。不问立场、只愿"把女性的经历化为文字"的女性学初心并没有消失。

值此 30 周年之际，我对日本女性学研究会的期待是：

其一，尽快成为 NPO 法人；

其二，创立基金会，进行资金储备与运作。

今后高龄会员相继去世后会留下资产和遗产，像我这样的"丧家犬"会员更是如此。与其让我个人运作资产，不如投入基金会储备，作为女性学的奖学金或事业扶助资金等进行有效利用。众人不计报酬、白手起家的这个研究会也许已经迎来了可以有所储备的时期。若这能成为研究会 30 岁生日的礼物，我将非常高兴。

自著解说

　　本书收录了我发表于各种刊物上有关女性主义的"时局发言"，时间跨度大约从 1980 年到 2009 年。刊物既有手写油印的自编小报，也有机关宣传期刊、报纸、杂志等。既有实时报道评论，也有回顾型的文字。主要挑选了面向女性运动伙伴或一般听众的非学术论文类文章，写作文体也是以浅显易懂的口语为主。

　　通常所谓"著作集"或"全集"都会按照学说发表的年代顺序收录，本书尝试采用按照不同主题分别收录，因此发表年代也会略有颠倒。

*

　　序章收录了两篇回顾"女性主义 40 年"、回归初心的随笔。第一篇写于 21 世纪 00 年代，把女性主义称为"20 世纪最大的思想"毫不夸张。为了让读者了解有如此地位的女性主义拥有怎样的开端，我收录了写作于 20 世纪 80 年代的第二篇随笔。以回顾与证言构成的序章，显示出女性主义草创期的初心与现在所达成的目标。

　　随后的第一章至第三章基本按照年代顺序分别收录了 20 世

纪 80 年代、20 世纪 90 年代和 21 世纪 00 年代的作品。之所以没有 20 世纪 70 年代的发言，是因为我当时还未作为女性主义作家出现在媒体界。为了体现发表当时的现场感，仅做最小限度的修订，用词用语的差异也未加调整。对于当时的人们普遍使用而当下已经无法理解的事物或用语添加补充注解。

*

第一章借用了收录在该章节中的随笔（《赋予燃烧的岩浆以形状！》，1986 年）的标题。想必读者能够通过这一章中充满现场感的文章，体会到 20 世纪 80 年代尚在成长期的女性主义和由此诞生的女性学是如何在被抵制与不理解中发展起来的。特别是 1982 年至 1984 年身在美国的我，带着新鲜与惊讶写下了那期间所接触到的美国女性运动和女性学。为当时仍然默默无闻的我提供发表平台的，是现在已经停刊的《朝日周刊》。

回国后不久，我被卷入了论战。其中之一是围绕伊万·伊里奇的"社会性别"理论展开的"生态女性主义"论战。详细内容请参考《女性是否能拯救世界》（劲草书房，1986 年）。

另一个我参与的论战就是发生在 20 世纪 80 年代的"陈美龄论战"。我没有收到任何约稿就主动向当时的《朝日新闻》论坛投稿（《工作母亲所失去的》，1988 年），参与论战，我觉得这场论战不应仅止步于演艺界资深评论员对陈美龄的霸凌。这一论战随后以"带孩子上班之争"为世人所知，并从演艺界话题转变成社会性话题。我的投稿可以说是这一转变的契机，起到了扳道工的作用。

自从我在媒体上的发言受到关注后，各方的批判声也越来越多。对于其中不正当的批判，我一一反驳。本书收录的《女性抨击女性的时代开始了》（1989年）就是我在《朝日新闻》连载专栏《午夜呼号》（后成书出版《午夜呼号》，朝日新闻社，1990年）中的发言引起文坛资深人士曾野绫子的批判后写的反驳文章。

此外，有关女性主义及其周边问题的争论也是不胜枚举。性别差异极大化与极小化的派别之争、与"女性原理"派之争、文化派与唯物派之争等。我几乎参与了所有的相关争论。20世纪90年代后参与的"慰安妇"之争，具体内容请参考以下书籍：《民族主义与社会性别》（青土社，1999年）、《为了生存的思想》（岩波书店，2006年）、《挑战上野千鹤子》（千田有纪编，劲草书房，2011年）。

我被贴上"争强好胜"的标签也是在这一时期。标签形象随即独自暴走，甚至出现了《在东大跟上野千鹤子学吵架》（遥洋子，筑摩书房，2000年）之类的书。上原隆[1]还写了一本《上野千鹤子有啥可怕》（每日新闻社，1992年），最终使我的形象变成了"可怕的女人"。

1　上原隆（1949—　），日本作家。

我确实容易卷入争议，但并不爱吵架，只不过觉得落到自己身上的火星还是得先掸一掸。"受到挑衅就上，打上门来就上，既然上了就上到底"，被认为是上野千鹤子危险的处世格言。但是认真阅读后就能明白，这所谓的三原则每一条都是被动的，我并不会主动挑起战斗。我本想远离纠纷、逃避纠葛，尽可能活得安静、环保、不浪费能源，只是纠纷不放过我罢了。

话虽如此，女性主义并不畏惧争论，因为它的思想多彩多样。女性主义宽容地接受各种解释与定义，并不是铁板一块，这正是女性主义思想的活力与成长的必要条件。也正因为如此，女性主义直至今日仍无固定的教条，也无正统异端之分，更无肃清或除名。不仅日本如此，世界各地的女性主义都是在各种争论与对立中成长起来的，直至今日也无休止。在以和谐为善、低调为美德的日本女性中能有不畏惧争论的女性主义者，我们应该引以为傲。

*

第二章收录了 20 世纪 90 年代的文章。章节标题"走向性别平等的地壳运动"并非夸大其词。很多人认为 1991 年是世界史的转折点，事实上日本也在这一年迎来了"转折三件套"：一是苏联解体带来的东西方冷战体制的终结，二是全球化浪潮，三是日本特有的泡沫经济崩溃。显然以往得以维持日本社会安定的"日式经营方式"神话、被称为"家庭战后体制"的日式近代家庭等性别分工体制，已经无以为继。从这一时期开始，在为了适应全球化浪潮而开始实施的新自由主义政策下，"男女共同参与"成为日本国策。一个奇怪的顺风时代开始了。

1991年泡沫经济崩溃后，"失去的10年"降临日本，然而讽刺的是，这10年对性别平等来说却是"获得的10年"。1991年颁布了《育儿休假法》，1997年颁布了要求企业采取防止性骚扰措施的《男女雇佣机会均等法》，以及1999年集上述之大成的《男女共同参与社会基本法》。而1997年通过、2000年实施的《介护保险法》，让看护家庭内老人这种女性的无薪酬劳动踏出了问题社会化的第一步。2001年出乎意料通过的《防止家庭暴力法》让性骚扰、家庭暴力等原本被认为是男女间"隐私"问题的暴力行为得到政治干预，发生了改变。全体国民在"个人即政治"（personal is political）这一女性主义标语上达成一致。以上这些情况都是30年前无法想象的。

不仅是中央政府，各级地方政府也基于"自治体的责任"开始制定条例、策划行动方案，掀起建设女性中心的浪潮。女性学研究者和女性运动活动家受到动员，成为各类男女共同参与审议会的成员；女性中心成为新的用工场所，雇用在民间学习社团培养出来的人才。在此我要说一句证言，所谓"男女共同参与"是当时日本官僚考虑到保守派执政党不愿意使用"男女平等"而特地新创的行政用语。该词的官方英语翻译为"gender equality"，把这个英语词汇再翻译回日语显然不会变成"男女共同参与"。

找不到任何对应翻译的这个日本特有的用语，至少我是不会使用的。

20世纪90年代女性主义顺风顺水的巅峰时期是1995年在北京召开的联合国世界妇女大会。特别是设在北京郊外的非政府组织论坛上，来自世界各国的3万名与会者中有6000名日本人。地方政府通过公开募集或交通费援助等方式对这6000名日本女性提供了各种支援。这一时期可谓是行政部门与民间女性主义合作的蜜月期。

在那次的北京非政府组织论坛上，一向被贬为在国际会议上光有数量却没有存在感的日本与会者积极地向国际社会发出信息，充分显示了自己的存在感。值得大书特书的是，这6000名女性从国际交流中了解到自己的活动绝不低于国际水准，体会到重要的是互相学习、互相分享，并在回国后分散到了全国各地，成为民间运动的中坚力量。若没有这次日本人的参会，就不会有同年驻日美军强奸妇女案被揭露后的10万冲绳民众大会，国际上也就不会高度关注对包括慰安妇问题在内的"战争时期性奴隶制度"。我在本书的《北京妇女大会报告》（1995年）中用充满现场感的笔调详细描述了自己当时的兴奋感。

1993年，我受邀成为东京大学的教员。这是我第一次以女性学、社会性别研究者的身份登上讲台。在此之前，我教授的基础课程大多是社会学或社会调查法。随着社会性别研究受到关注，本科生与研究生中对社会性别研究的兴趣与日俱增，女性学与社会性别研究开始培养次世代的研究者。由于东京大学历来被视为权威主义的根据地，因此有人评价我的就任是"上野保守化的开始""上野也开始失去光彩了"。但我是否趋于保守，还是请通过我的发言来验证吧。

*

几乎在同一时期，针对女性主义的逆袭之风也开始了。北京大会翌年的 1996 年，日本成立"新历史教科书编纂会"，此事绝非偶然。国际女性非政府组织论坛上提及的慰安妇问题成为逆袭势力的焦点，并招致民族主义与右倾化的风潮。

第三章记录的就是 2000 年后逆风突起的时代。我本以为逆风是女性主义力量的证明，是被逼入绝境的大叔的虚张声势。但我过于乐观了。开始意识到自己丧家之犬境地的大叔确实开始虚张声势，但我没有预计到民间保守势力的影响力。也许有读者觉得这一章节收录的有关逆袭的记录过于详细，但因为当时的媒体几乎没有报道逆袭的实际情况，作为当事人，我还是尽可能地将自己的证言收录在内。逆袭势力在全国各地有组织地展开活动，取消讲座、下架图书、更换审议委员人选、修改条例、冻结女性中心预算以及命令女性财团解散等，实际的打击接二连三地袭来。"千里之堤溃于蚁穴"，不在此时此刻加以防范，同样的问题将会波及全国，为此我不得不奔走于全国各地。当可谓是逆袭首领的政治家安倍晋三登上权力宝座时，我们的危机感达到了顶峰。民族主义分子安倍晋三企图修改宪法，修改了《教育基本法》，起用反对夫妻不同姓的保守派女性政治家担任内阁男女共同参与事业的责任大臣，还在 2000 年用政治手段干涉 NHK 电视台播放女性国际战犯法庭对慰安妇问题的审理，是一个极为危险的政治家。

2009 年发生了意料之外的政权交替。国家政权从自民党交到了民主党手中，然而男女平等政策并没有发生显著变化。非但如此，现在的内阁忙于处理东日本大震灾，完全无暇顾及其他事情。

变化不是一条直线，历史总是进一步退两步，我们绝不能放松警惕。

*

第四章主要收集我在由我参与自编的小报上发表的文章。1978 年，我第一次参加关西地区的日本女性学研究会。第四章的文章是那以后将近 30 年间的记录与回忆。在女性学还没有诞生的时代，我们在大学之外与战友伙伴相互支撑，摸索学习，逐步创建了女性学。我虽然不喜欢被人称为"女性学的权威"，但我对自己是"女性学先锋"颇为自负。通过第四章的阅读应该可以理解女性学的创建过程本身就是一种运动。我虽然不是研究会的初期成员，但我加入后改变了研究会的组织形式，担任研究会时事通讯《女性之声》的第一任主编，制定了该报的版式与风格，随后又担任了日本第一本以"女性学"冠名的研究期刊《女性学年刊》的初代主编，制定了沿用至今的主编轮换制及评论员制度。《女性学年刊》今年已经31岁了。这31年间出现了各种学会期刊和研究期刊，但是《女性学年刊》保持了它特有的地位。我早期的论文多发表在这本《女性学年刊》上（《女人的快乐》，劲草书房，1986年）。我们的论文既然没有人愿意刊登，那就自己创办刊物自己发表。当然这不可能由我一个人完成。在期刊创办的过程中，我们培养了大量的人才，我自身也得到了成长。

第四章中多次强调"回归初心"。我们创建学科进行研究到底是为了什么人、有什么目的？我将女性主义定义为"女性解放的思想与实践"。我们不是为了他人解放。我们解放的是自己，而解放的定义也由我们自己决定。他人无权也无法决定。这种解放无法靠一个人实现，必须要有彼此的支持。女性学就是女性为了弄清"我是谁"而创立的学科，也是之后被称为"当事人研究"领域中的先锋学科。

在女性主义发展到不惑之年的今天，《日本女性主义》全12卷（岩波书店，2009年至2011年）作为岩波书店日本女性主义文库书目陆续出版（1.女性解放运动与女性主义/2.女性主义理论/3.性别角色/4.权力与劳动/5.母性/6.性意识/7.表现与媒体/8.社会性别与教育/9.全球化/10.女性史、社会性别史/11.女性主义文学批评/12.男性学）。本书标题"女性主义40年"其实是第 4 卷《权力与劳动》中责任主编大泽真理写的解说文章的标题。我十分钦佩大泽女士的这个标题，因此拜托她同意我将该标题作为新书的名字，大泽女士欣然应允了。

女性主义运动的骨干力量不仅是日本女性学研究会，更有在承担重任的众多民间团体。刊物的印刷从最初的手摇油印机到蓝图复印机，再经历了文字处理机，最终走到今天的电脑排版。信息流通在信息技术革命之前经历了口口相传到发散传单，再到复印或印刷而成的时事通讯小报。信息共享是运动的关键。为了对抗逆袭，我们制作了全国的联络邮件列表，并最终创设了女性综合网站 WAN（Women's Action Network，http：//wan.or.jp），开始网络事业。

女性彼此联合，是因为我们需要彼此联合。女性是弱者。我们的目标是创建一个不再需要女性主义的社会，然而这个社会离我们还非常遥远。不再需要女性主义的社会，并不意味着女性变得和男性一样成为强者。我一直在重复强调这一点，我们追求的社会是"弱者作为弱者而受到尊重的社会"（《为了生存的思想》，岩波书店，2006 年）。

女性直面的问题在改变，女性周遭的环境也在改变。女性的联合方式也会相应发生变化，而学术研究与运动方式当然也会改变。

但不要忘记，我们的女性前辈就是这样一路奔跑过来的，而我们也将继续追随着她们的背影一路奔跑。

*

　　非常高兴本书能作为岩波现代文库"上野千鹤子的工作"丛书的一册出版。我对功成名就的研究者或作家出版大部头的全集、作品集一向没有什么好感。但女性主义这40年的发展作为一段历史已经足够久远，当时还未出生的读者现在正茁壮成长，为此将我以往的工作作为历史证言留存于世，我觉得是有意义的。这份证言能够以读者随手翻看的平装口袋书的形式问世是我的愿望，而帮助我实现这个愿望的是岩波书店的编辑大山美佐子女士。让人印象深刻的丛书装帧要感谢桂川润先生。翻看本书目录，我为自己能遇到众多编辑为我提供发言的机会而由衷地感到幸运。本书最终得以问世也得到了多方支持，特此致谢。

震灾之后的特殊春日

上野千鹤子

初出一览

序 女性主义 40 年

女性主义 成田龙一等编,《20 世纪日本的思想》,作品社,2002 年

女性运动论 《女人游戏》,学阳书房,1988 年 *

第一章 赋予燃烧的岩浆以形状——20 世纪 80 年代

围绕性别差异的无谓之争 《朝日周刊》,1983 年 7 月 22 日 *

女性主义种种 *VOICE OF WOMEN* 第 48 期,日本女性学研究会,1984 年 3 月 *

生 与 不 生 是 女 性 的 权 利 *VOICE OF WOMEN* 第 35 期,1983 年 1 月 *

参加全美妇女参政协会 《朝日新闻》,1984 年 7 月 25 日晚报

若和这样的女性们在一起,21 世纪也不错 *Dear W*,1985 年 11 月 *

重做馅饼里的馅料 《产经新闻》,1987 年 7 月 20 日

总理鼓励"未婚妈妈"与女性主义的两难境地 *AWRAN*

JAPAN NEWSLETTER 第 3 期，1987 年

当代女性发声才最有趣 《教养广场》第 10 期，京都新闻社，1987 年 ＊

《消除对妇女一切形式歧视公约》导致主妇失业？ 《月刊 Better Home》，1985 年 5 月 ＊

石器时代与现代之间（原题"预防精神分裂症的精分生活建议"） *Dear W*，1985 年 9 月至 10 月

赋予燃烧的岩浆以形状！ 《朝日周刊》，1986 年 1 月 3 日至 10 日

工作母亲所失去的 《朝日新闻》，1988 年 5 月 16 日

女性们，不要再当"阿信"了 《西日本新闻》，1988 年 11 月 23 日

平女的陈美龄 《京都新闻》，1988 年 8 月 30 日

神话破灭之后 *The Trend*，UPU，1988 年

掉队男与先锋女的危险关系 育儿连编，《男与女的〈对半分〉主义》，学阳书房，1989 年

女性抨击女性的时代开始了 《月刊 Asahi》，1989 年 11 月

第二章 走向性别平等的地壳运动——20 世纪 90 年代

女性与男性的历史性时差 《札幌女性》第 15 期，札幌市市民局青少年妇女部，1990 年

女性解放的"文艺复兴"《北海道新闻》，1994 年 10 月 21 日

女性堕胎的权利受到世界性威胁 《每日新闻》，1992 年 9 月 8 日

企业社会的游戏规则（原题"女性想在企业社会中生存请先学习游戏规则"）《每日新闻》，1993 年 3 月 30 日

绵延至今的"军队与性犯罪"《朝日新闻》，1993 年 1 月 13 日

以"进步与开发"为名的暴力 《世界》，1994 年 10 月

北京妇女大会报告 《中日新闻》，1995 年 9 月 12 日至 14 日

大学校园性歧视情况 《三省堂 Booklet》，三省堂，1997 年

大学校园性骚扰 《现代思想》，2000 年 2 月

语言变化改变世界 《人权 NEWS》，电通东京本社人事局人权启发部，1997 年

致"泡沫"二世的女孩 （原题"AGORA 的女孩们"）AGORA 第 209 期，1995 年 7 月

在逆风中 AGORA 第 238 期，1998 年 4 月

《男女共同参与社会基本法》的意义 《长崎新闻》等，1999 年 7 月 28 日

农村的男女共同参与 AFC Forum，农林渔业金融公库，2008 年 8 月

日趋严重的女性就业难 《南日本新闻》等，1999 年 9 月 30 日

性别平等的终点 《来杯咖啡！》第 19 期，三鹰市，1999年 12 月

第三章 抗击逆袭——21 世纪 00 年代

新自由主义下不断拉大的女女差距 《每日新闻》，2005 年 10 月 31 日晚报

女性主义收获期 《今年推荐图书指南 2002》，Metalogue 社，2001 年

充满活力的韩国女性主义 《信浓每日新闻》，2005 年 7 月 4 日

关于"性别自由"《信浓每日新闻》，2006 年 1 月 23 日

来自旋涡中心的声音 若桑绿等编，《跨越"社会性别"危机！》，青弓社，2006 年

官员所在之处 《女人与男人》第 107 期，劳动教育中心，2006 年；《MuShi 之声通讯》第 55 期，2006 年

抗击逆袭 《MuShi 之声通讯》第 56 期，2006 年

对"社会性别"的干涉 《信浓每日新闻》，2006 年 9 月 4 日

逆袭势力抨击的大本营是"社会性别"《创》，2006 年 11 月

筑波未来市人权讲座的取消与对社会性别的攻击 《创》，2008 年 5 月

堺市市立图书馆抵制 BL 书籍事件始末 《创》，2009 年 5 月

被问责"暴力"的自治体 《信浓每日新闻》，2008 年 3 月 10 日

社会性别论丰收年 《山梨日日新闻》，2006 年 12 月 23 日

通过斗争得来的要靠斗争维护到底 《女性情报》第 247 期，2006 年 10 月；《新编日本女性主义 1》岩波书店，2009 年收录

回归原点 Cutting—Edge 第 36 期，北九州市男女共同参与中心 MOVE，2009 年

第四章　女性学的创建与传承

联络会通讯创刊时 VOICE OF WOMEN 第 85 期，1987 年 10 月

回归初心 VOICE OF WOMEN 第 136 期，1992 年 11 月

担任《女性学年刊》创刊号主编时（原题"WSSJ 主编时代的回忆，曾为创刊号主编时"）《女性学年刊》第 30 期，2009 年

编辑委员这份工作——《女性学年刊》的危机 《女性学年刊》第 18 期，日本女性学研究会，1997 年

自己渴望解脱 VOICE OF WOMEN 第 31 期，1982 年 9 月 *

女性学是兴趣爱好 VOICE OF WOMEN 第 7 期，1980 年 4 月 *

女性学是什么？ VOICE OF WOMEN 第 19 期，1981 年 7 月 *

女性组织论　*VOICE OF WOMEN* 第 12 期，1980 年 12 月　　*

小贩道具组　*VOICE OF WOMEN* 第 242 期，2003 年 6 月

《她的故事》——通过渡边和子看女性主义　《女性学年刊》第 22 期，2001 年

30 岁的礼物　《女性学年刊》第 28 期，2007 年

带 * 号文章皆收录于《女人游戏》(学阳书房，1988 年)

图书在版编目（CIP）数据

女性主义40年 /（日）上野千鹤子著；杨玲译. —
长沙：湖南文艺出版社，2023.5
ISBN 978-7-5726-1086-8

Ⅰ.①女…　Ⅱ.①上…②杨…　Ⅲ.①妇女学-研究
-日本　Ⅳ.①C913.68

中国国家版本馆CIP数据核字（2023）第034192号

FUWAKU NO FEMINISM
by Chizuko Ueno
© 2011 by Chizuko Ueno
Originally published in 2011 by Iwanami Shoten, Publishers, Tokyo.
This simplified Chinese edition published 2023
by Shanghai Insight Media, Shanghai
by arrangement with Iwanami Shoten, Publishers, Tokyo

著作权合同登记号：18-2021-321

女性主义40年
NÜXING ZHUYI SISHI NIAN
［日］上野千鹤子 著　杨玲 译

出 版 人　陈新文
出 品 人　陈　垦
出 品 方　中南出版传媒集团股份有限公司
　　　　　上海浦睿文化传播有限公司
　　　　　上海市巨鹿路417号705室（200020）
责任编辑　吕苗莉
装帧设计　祝小慧
责任印制　王　磊
出版发行　湖南文艺出版社
　　　　　长沙市雨花区东二环一段508号（410014）
网　　址　www.hnwy.net
经　　销　湖南省新华书店
印　　刷　深圳市福圣印刷有限公司

开本：880mm×1023mm　1/32　　印张：11.75　　字数：234千字
版次：2023年5月第1版　　　　　印次：2023年5月第1次印刷
书号：ISBN 978-7-5726-1086-8　　定价：59.00元